## 1月の伝統色

### 銀朱《ぎんしゅ》

日の出のような深い朱色。神仏への畏怖《いふ》や崇敬《すうけい》を表す色。

### 松葉色《まつばいろ》

松の葉のような深く渋い青緑色。↓P17

### 浅縹《あさはなだ》

藍染の縹《はなだ》色を薄くした、少し紫がかった青色。

### 鉄紺《てつこん》

鉄色がかった濃い紺色。箱根駅伝の常連校、東洋大学のスクールカラー。

### 支子色《くちなしいろ》

クチナシの実で染めた濃い黄色。

### 憲房色《けんぼういろ》

黒みの強い茶色。江戸時代に広く用いられた。↓P35

## 2月の伝統色

### 紅梅色《こうばいいろ》

早春に咲く紅梅の花の色のような淡い紅色。↓P55

### 鶯色《うぐいすいろ》

ウグイスの羽の色のような緑褐色。

### 萌木色《もえぎいろ》

春に芽吹く若葉のようなさわやかな緑色。↓P53

### 樺色《かばいろ》

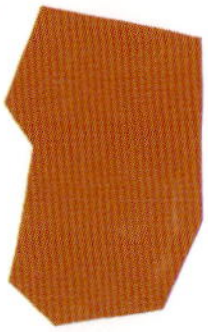

樺《かば》はヤマザクラの一種であるカバザクラの樹皮を表す。

### 菜の花色《なのはないろ》

油菜の花の色のような、明るくあざやかな黄色。

### 今様色《いまよういろ》

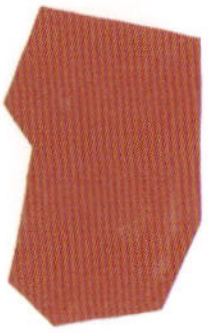

平安時代に流行した色。今様とは現在流行しているという意味。

## 3月の伝統色

### 桃《もも》色《いろ》
桃の花のような、かわいらしいピンク色。↓P64

### 青《あお》丹《に》
暗めの落ち着いた黄緑色。↓P80

### 浅《あさ》緑《みどり》
春に芽吹き始める新緑の色。

### 勿忘《わすれな》草《ぐさ》色《いろ》
ワスレナグサの花の色のような明るい青色。

### 鳥《とり》の子《こ》色《いろ》
少し灰色がかった黄色。鶏の卵の殻の色を表す。

### 土器《かわらけ》色《いろ》
黄褐色の土器のような色。着物の色などとして使われた。

## 4月の伝統色

### 薄《うす》桜《ざくら》
桜色より薄い紅染の色。桜を愛し大切にしてきた日本人らしい色。

### 若《わか》芽《め》色《いろ》
芽生えたばかりの新芽をイメージした春にぴったりな色。

### 曙《あけぼの》色《いろ》
夜明けの空のようなやさしいだいだい色。

### 菫《すみれ》色《いろ》
春の野に咲くスミレの花の色のような美しい青紫色。↓P99

### 牡《ぼ》丹《たん》色《いろ》
ボタンの花色のような紫がかった美しい赤色。↓P104

### 山《やま》吹《ぶき》色《いろ》
晩春に咲くヤマブキの花の色のような、赤みを帯びた黄色。

## 5月の伝統色

### 苗《なえ》色《いろ》

さわやかな風に揺れる稲の苗のような色。

### 躑躅《つつじ》色《いろ》

ツツジの花の色のような紫がかった赤色。

↓P126

### 空《そら》色《いろ》

伝統色には天体や気象に関する色名は少なく、青空を表す色は空色のみ。

### 薔薇《ばら》色《いろ》

バラの美しい姿と色あいから、多くの人に愛されている色。

### 新橋《しんばし》色《いろ》

明るい緑がかったあざやかな発色の青色。

↓P128

### 菖蒲《あやめ》色《いろ》

赤みがかった紫色の花をつけるアヤメに似た、上品で美しい色。

## 6月の伝統色

### 杜若《かきつばた》色《いろ》

紫色の花のカキツバタに由来する色。

↓P136

### 菖蒲《しょうぶ》色《いろ》

紫色の美しい花を咲かせるハナショウブから。

### 納戸《なんど》色《いろ》

緑がかった青色。江戸城内の納戸の垂れ幕や、風呂敷に用いた。

### 撫子《なでしこ》色《いろ》

淡いピンク色のかわいらしい花を咲かせるナデシコから。

### 露草《つゆくさ》色《いろ》

早朝に咲くツユクサの花を紙や布に擦りつけて染めた青色。

### 葵《あおい》色《いろ》

葵の紫色の花から名づけられた色。

↓P151

## 7月の伝統色

### 夏《なつ》虫《むし》色《いろ》

タマムシの羽の色から。薄緑の涼しげな色。↓P175

### 萱《かん》草《ぞう》色《いろ》

夏の野山にオレンジ色の花を咲かせるカンゾウの色。↓P162

### 藍《あい》色《いろ》

植物の藍で染めた、緑がかった濃いめの青色。

### 裏《うら》葉《は》色《いろ》

草木の葉の裏の色を表す。葛《くず》の葉裏の色からといわれる。

### 茄《な》子《す》紺《こん》

ナスの実のような赤みを帯びた深い紺色。

### 麦《むぎ》藁《わら》色《いろ》

麦藁帽子などの麦藁の色。白ワインの色の表現にも使用。

## 8月の伝統色

### 紺《こん》碧《ぺき》

深みのある青色で空や海の澄み渡った青色も表す。↓P193

### 丹《に》色《いろ》

明るい赤色。丹《に》とは赤い土という意味。

### 向日葵《ひまわり》色《いろ》

ヒマワリの花のようなあざやかな黄色。

### 群《ぐん》青《じょう》色《いろ》

紫みの深い、明るいさわやかな青色。↓P199

### 小《こ》麦《むぎ》色《いろ》

小麦の粒のような淡いだいだい色。きれいに日焼けした肌も表す。

### 褐《かち》色《いろ》

紺より濃く、黒に近い藍色。鎌倉時代の武士に好まれた。

## 9月の伝統色

### 女郎花《おみなえし》

明るい緑がかった黄色。秋の七草のひとつ、オミナエシの花色から。

### 紫苑色《しおんいろ》

秋に咲くシオンの花の色から。↓P212

### 亜麻色《あまいろ》

黄色がかった薄い茶色。亜麻糸の色から。↓P222

### 青朽葉《あおくちば》

初秋に散る葉の色。渋い黄緑色。

### 琥珀色《こはくいろ》

琥珀は植物の樹脂が化石となったもの。ウイスキーの色合いの説明にも使われる。

### 茜色《あかねいろ》

赤い根をもつアカネという植物によって染められた色。

## 10月の伝統色

### 柿色《かきいろ》

あざやかな柿の実のような色。↓P234

### 紅掛空色《べにかけそらいろ》

暮れかかった空の色から。染め方は藍で空色に染めた上から紅花を重ねて染める。

### 韓紅《からくれない》

濃く美しい紅色。「唐紅」とも書く。↓P245

### 落栗色《おちぐりいろ》

熟して地面に落ちた栗皮から。『源氏物語』にも記され、古くから愛される色。

### 竜胆色《りんどういろ》

9～11月にかけて咲くリンドウの花の色から。

### 深緋《こきひ》

飛鳥時代や奈良時代には役人の装束の色として用いられた。

## 11月の伝統色

### 鶸色《ひわいろ》
ヒワという鳥の羽の色。伝統色に鳥の色が用いられるのは稀。↓P269

### 胡桃色《くるみいろ》
クルミの果皮や樹皮、葉は古くから染料として用いられた。

### 紫式部《むらさきしきぶ》
ムラサキシキブは秋に小さな実をつける。その紫色の実のような色。

### 赤朽葉《あかくちば》
赤みがかった朽葉色。秋に着用された。↓P262

### 黄朽葉《きくちば》
黄ばんだ落ち葉の色。『枕草子』にも記されている。

### 秘色《ひそく》
透き通ったような淡い青緑色。中国の焼き物、青磁器の色。

## 12月の伝統色

### 常盤色《ときわいろ》
青々とした緑の葉を茂らせる常緑樹から。不老長寿や永遠を象徴する神聖な色。

### 紅紫《こうし》
古代から紅色と紫色は高貴な色とされ、その色が合わさった色。

### 舛花色《ますはないろ》
灰みのある淡い青色。歌舞伎の市川家、家伝の色。↓P280

### 白群《びゃくぐん》
やさしい雰囲気をもつ淡い青色。アズライトと呼ばれる鉱物が原料。

### 雀茶《すずめちゃ》
日本人には親しみ深い、雀の羽の色からついた色。

### 香色《こういろ》
丁子《ちょうじ》などの香木で染められた色。淡い黄褐色。↓P286

月の満ち欠けと呼び名

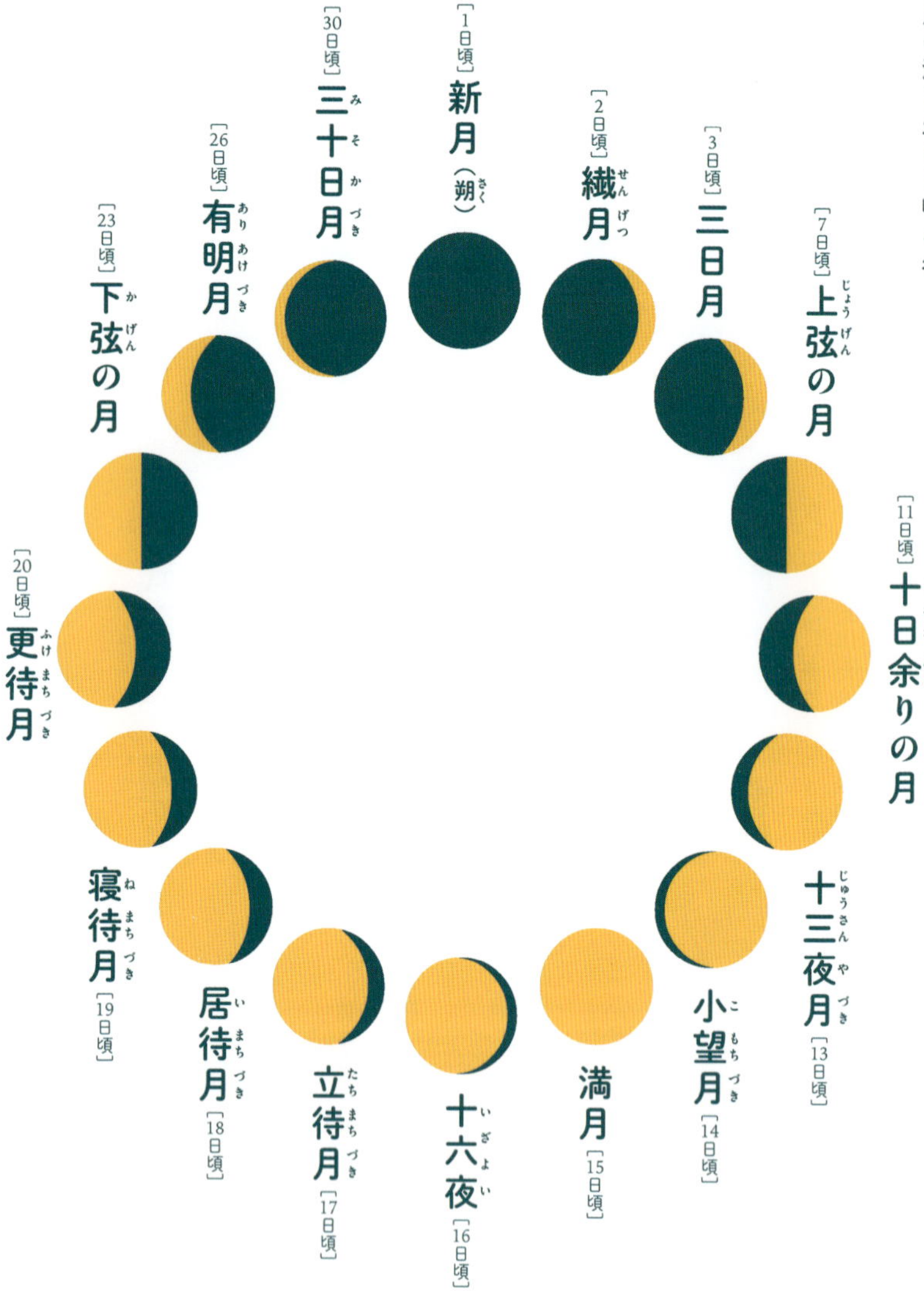
〔1日頃〕
新月（朔《さく》）
〔2日頃〕
繊月《せんげつ》
〔3日頃〕
三日月
〔7日頃〕
上弦《じょうげん》の月
〔11日頃〕
十《と》日《おか》余《あま》りの月
十三夜月《じゅうさんやづき》
〔13日頃〕
小望月《こもちづき》
〔14日頃〕
満月
〔15日頃〕
十六夜《いざよい》
〔16日頃〕
立待月《たちまちづき》
〔17日頃〕
居待月《いまちづき》
〔18日頃〕
寝待月《ねまちづき》
〔19日頃〕
〔20日頃〕
更待月《ふけまちづき》
〔23日頃〕
下弦《かげん》の月
〔26日頃〕
有明月《ありあけづき》
〔30日頃〕
三十日月《みそかづき》

# まいにち暦生活

## 日本の暮らしを楽しむ365のコツ

暦生活 協力
高月美樹 監修

ナツメ社

もくじ

# この本の使い方

●日付の下のマークは、その日の内容の分類を示します。

**行事や祭りなど**

**暦、二十四節気など**

**旬の食材、料理、和菓子、酒など**

**動物、花、樹木、虫など**

**天候、月、星など**

**日本の伝統色**

**季節の言葉、時候のあいさつ、ことわざなど**

●暦や行事などのなかには
年によって日にちが変わるものがあります。
●行事などは地域よって日にちが変わるものがあります。
●食材や花などの旬は地域によって変わります。
●暦生活®は新日本カレンダー株式会社の商標です。

# 1月

## 小《しょう》寒《かん》
↓P18

**芹乃栄**［せりすなわちさかう］◎5〜9日ごろ
春の七草のひとつ、セリが生え始めるころ。

**水泉動**［しみずあたたかをふくむ］◎10〜14日ごろ
地中で凍った泉の水が溶け、動き始めるころ。

**雉始雊**［きじはじめてなく］◎15〜19日ごろ
オスのキジがメスを求め鳴き始めるころ。

## 大《だい》寒《かん》
↓P28

**款冬華**［ふきのはなさく］◎20〜24日ごろ
フキノトウのツボミが顔を出すころ。

**水沢腹堅**［さわみずこおりつめる］◎25〜29日ごろ
沢の水が氷となり、厚く張りつめるころ。

**鶏始乳**［にわとりはじめてとやにつく］◎30〜2月3日ごろ
鶏が卵を産み始めるころ。

1月1日

# 元日の朝は「若水《わかみず》」を汲んで1年の邪気を祓《はら》おう

元日の朝に汲む水を「若水《わかみず》」といいます。昔は早朝、井戸や川に汲みに行きましたが、今なら水道水でもいいですね。

若水は1年の邪気を祓《はら》うといわれています。神棚に供えるほか、口をすすいで身を清めたり、お雑煮などのお正月の料理に使ったりお茶をたてたり。書き初めの墨をするときにも用いましょう。

元旦の「旦」の字は、日が昇る様子を

示しています。元旦は1月1日の朝を指す言葉です。「1年の計は元旦にあり」といいますから、新しい年の目標を決めるのもいいですね。

## 1月2日

# 1年を占う素敵な初夢を…

初夢は、その年の吉兆を占うとされてきました。縁起のよい夢といえば「一富士、二鷹、三茄子《なすび》」が有名。ナスが縁起がよいのは物事を「成す」からとか、徳川家康の出身地、駿河国（現在の静岡県）の名産だったからなどといわれています。

昔はよい初夢が見られるよう枕の下に宝船の絵を忍ばせて、次のようなおまじないを唱えました。

「永き夜の 遠《とお》の眠りの みな目覚め 波乗り船の 音のよきかな」

このおまじない、上から読んでも下から読んでも同じ回文になっています。一度唱えてみてはいかがでしょう。

1月3日

# みんなが集まるお正月はこの日ならではの遊びを

お正月には、昔ながらの遊びを楽しんでみましょう。「子に患《わずら》い無し」と書く木の実の無患子《むくろじ》を羽根に、「災いを跳ね返す」羽根つきや、「高くあがるほど、神様に願いが届く」凧あげなど、縁起のよい遊びで福を呼び込みます。

親戚みんなが集まるなら、大勢で楽しむ遊びもできますね。双六《すごろく》、福笑い…。古代から鎌倉時代初期にかけての和歌が集められた百人一首も、この時期にぴったり。絵札をめくって楽しむ「坊主めくり」なら、小さい子どもでも楽しめます。競技かるたの最高決戦となる名人戦とクイーン戦も毎年1月に行われます。

## 1月4日 いよいよ仕事始め

その年の最初の仕事の日を仕事始めといい、官公庁では御用始めといいます。昭和の中ごろまで、着物で出勤する女性もいました。現在でも証券取引所で行われる最初の取引「大発会《だいはっかい》」では、振袖《ふりそで》姿の女性が式典に登場し、花を添えます。

今では年中無休やシフト制なども増え、みなが4日からというわけではありませんが、新年の初仕事は気を引き締めてあたりたいですね。

## 1月5日 1月の伝統色「松《まつ》葉《ば》色《いろ》」

平安時代からある、おめでたい色の松《まつ》葉色《ばいろ》（P2）。『枕草子』に狩衣《かりぎぬ》（公家の男子の服）は松葉色などと記され、古くから親しまれていた色です。松の葉にちなんだ色は多く、「千載緑《せんざいみどり》」「常盤色《ときわいろ》（P7）」「老緑《おいみどり》」などがあります。

冬が深まり、寒さが厳しくなっても、変わらず美しい緑色を見せてくれる松の葉は、古くから愛され、不老長寿の象徴とされてきました。

## 1月6日 厳しい寒さの始まり「小寒《しょうかん》」

「寒の入り」ともいわれる小寒《しょうかん》。この日から、ますます冬は厳しくなっていきます。小寒から節分までの30日間は「寒の内」。冬の寒さが募るシーズンに突入です。寒の内に武道や芸事の稽古を行うことを「寒稽古」といいます。早朝や夜間など日の光の届かない寒い時間に行われることが多いのは、寒稽古が、寒さに屈しない強い精神力を養う目的があるから。

## 1月7日 七草《ななくさ》粥《がゆ》を食べる節句

五節句のひとつ、人日《じんじつ》の節句には七草《ななくさ》粥《がゆ》を作ります。作り方はとっても簡単。お粥が炊き上がったら、刻んでさっとゆでた七草と塩を入れ3分ほど蒸らすだけ。七草粥には、春の若菜から生命力をもらうという意味があります。年末年始のごちそうで疲れ気味の胃を七草粥で休めることもできますね。さて、この日までが「松の内」。翌日からの日常に備えて、お正月飾りも外すようにしましょう。

＊小寒は冬至から15日目。例年、1月5日、6日ごろとなります。

## 1月8日

# お正月の終わりの お楽しみ、どんど焼き

どんど焼きは、役目を終えたお正月飾りや、書き初めを燃やす火祭りです。地域によっては、鬼火焚《おにびた》きや道祖神《どうそじん》祭りといった呼び名があります。行われる日にちにも違いがあり、松の内明けの日か、小《こ》正月の15日に行う場合が多いようです。全国でみられる行事で、宮中で行われる神事と同じ左義長《さぎちょう》と呼ぶ地域もあります。

燃やした炎が高く上がれば、書道が上達し、この火で焼いたお餅やお団子を食べると、無病息災になるとされてきました。子どもたちにも人気の行事です。

1月9日

## 寒中見舞いで年賀状の返礼を

喪中に年賀状をいただいた場合は、おめでたい期間である松の内が明けた8日以降、立春《りっしゅん》（P41）までの間に「寒中見舞い」を出しましょう。

年賀状を出せなかったお詫びと一緒に、厳しくなる寒さに対して、お相手やそのご家族を気づかうひと言も忘れずに。年賀状を出し忘れて、この時期に送るときも「寒中見舞い」とします。

1月10日

## 商売繁盛！えべっさん

関西の神社で行われることが多い十日《とおか》戎《えびす》。「えべっさん」こと恵比寿神を祀《まつ》る神社で行われる、商売繁盛などを願う祭りです。大阪の今宮戎《いまみやえびす》神社では「商売繁盛で、笹もってこい」というお囃子《はやし》のなか、福笹《ふくささ》につける小判や鯛などの縁起物の飾りを求める人でにぎわいます。兵庫県の西宮《にしのみや》神社ではその年の福男を選ぶ開門神事《かいもんしんじ》が行われ、全国にテレビ中継されるほど注目されています。

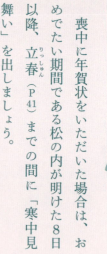

1月11日

# 鏡開きの日
# お汁粉に塩をひとつまみ

鏡餅をみんなで食べる鏡開きの日。お供えした餅には、神様の力が宿っています。鏡餅を食べることで、神様の力を分けていただきましょう。神聖な力の宿る鏡餅に刃物は厳禁！木槌で叩いて割るのが正式です。小さくなった餅は、お雑煮やお汁粉にして食べます。お汁粉には、塩をひとつまみ入れると甘さが増しておいしいですよ。

昔は1月20日の正月納めの日に鏡開きをしていましたが、江戸時代、鎧《よろい》や兜《かぶと》に供えた具足餅《ぐそくもち》を11日に食べるよう決められました。以来、鏡開きも一緒に行う地域が多くなったとか。

## 1月12日

地上のすべてのものが凍りつくような厳しい寒さに襲われるころですが、七十二候の「水泉動《しみずあたたかをふくむ》」を迎え、地中で凍った泉がすでに動き出しているという春の予感を感じさせるころです。

# 1月の時候のあいさつ 多幸願いと寒さの配慮を

寒さが厳しい時期ですが、便りには春の希望を添えて、お相手の1年の幸せや健康を願う表現も入れると素敵です。寒さへの配慮も忘れずに。寒中見舞い（P20）として送ってもいいですね。

**1月の時候のあいさつ例**

**書き出し**

● 新春の候 ● 初春の候 ● 大寒の候 ● 厳寒の候
● みなさまお元気で新年をお迎えのことと存じます
● 厳しい寒さが続いています。みなさまいかがお過ごしでしょうか
● 寒さに負けず、お元気にご活躍のことと存じます
● 寒気ひときわ身にしむこのごろ
● 寒中には珍しくうららかな日が続いています

**結び**

● 寒さ厳しき折、ご自愛の上ご活躍をお祈りしています
● いよいよ寒さも本番となりますが、どうか元気でお過ごしください
● 風邪もはやっているようです。どうぞ暖かくして過ごしてください
● 雪の舞うこのごろですが、足元には十分ご注意ください
● 春がくるのが待ち遠しいですが、どうぞ体を大切になさってください
● 今年も幸福に満ちた年でありますよう、お祈りいたしております
● 厳冬の候ではありますが、さらなる飛躍の年となりますようお祈りしています

1月13日

# 成人式になぜ振袖《ふりそで》を着るの？

袖の脇が大きくあいた振袖《ふりそで》は通気性がよく、もともと子どもや若者の衣装とされていました。江戸時代、若い女性の間で長い袖の振袖が「かわいい！」と流行。そして華やかで袖の長い振袖が、未婚女性の正装となりました。

ちなみに、恋愛で相手を振る、振られると使いますが、これは振袖が由来。昔、女性が言葉で気持ちを伝えることははしたないとされ、女性が好意をもっていれば袖を左右に、好意をもっていなければ袖を前後に振って示したそうです。

＊成人の日は、1月の第2月曜日です。

## 1月14日

# 寒い日に汲む澄んだお水

小寒《しょうかん》から9日目のこの日に汲んだ水を「寒九《かんく》の水」と呼び、この水で薬を飲むとよいとされてきました。

また寒九の水は、1年で一番澄んでいるともいわれます。

この時期、お酒の「寒仕込み」が盛んに。寒さのため発酵がゆっくりと進み、まろやかで良質なお酒ができるそう。同じ理由で、寒仕込みの味噌や醤油も旨味が出ておいしくなるそうです。

## 1月15日

# 小《こ》正月には小豆粥《あずきがゆ》を

年神様をお迎えする一大イベントのお正月（＝大正月）を終え、ひと息つくタイミングの小《こ》正月。女性にゆっくり休んでもらうことから、女《おんな》正月とも呼ばれています。

この日に小豆粥《あずきがゆ》を食べると、その年は健康でいられるといういい伝えが。また、この小豆粥で、天候や農作物の豊凶を占う「粥占《かゆうら》」もこの日にあちこちの神社で行われます。

＊小正月は例年、1月15日です。

# 1月16日

# 冬の大三角形を探そう
## 澄み渡る夜空に輝く

夜空が澄み渡るこの季節、冬の南の空に並ぶ3つ星を目印に、まずはオリオン座を探してみましょう。向かって左、オリオンの右肩あたりに、赤みをおびた明るい星があります。これがベテルギウス。さてこれが見つかったら、冬の大三角形も見つかりますよ。次に探すのは、冬の夜空で一番明るい光を放つシリウス。オリオン座の左のほうにある、青白く輝く星がそれです。ベテルギウスとシリウスを一直線に結んだ線の真ん中あたりから、垂直に線を伸ばすと、また明るい星にあたるはず。それがプロキオン。大きな三角形は夜空に浮かび上がりましたか。

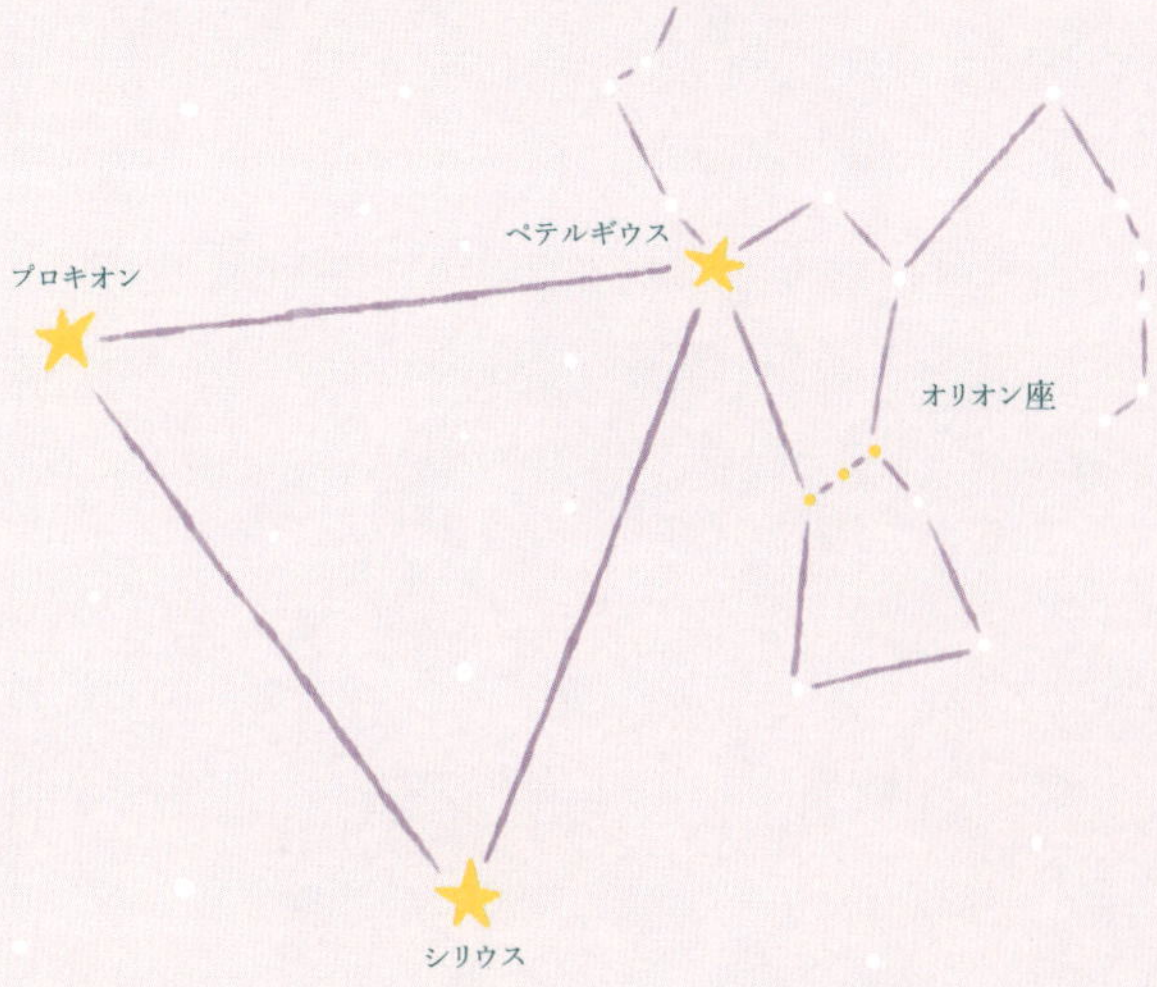

1月17日

# 北海道でぜひ食べたいコマイ

氷下魚と書くコマイはタラの仲間。その字のとおり、氷に穴を開けて釣り上げます。コマイはアイヌ語で「小さな音がする魚」という意味。鮭のルイベは有名ですがコマイのルイベも絶品です。氷点下の屋外で乾燥させたコマイの干物は「かんかい」と呼びます。かんかいや一夜干しは多く出回っていますが、コマイは唐揚げや煮つけにするのもおすすめです。ただ、生のコマイを北海道以外で手に入れるのは難しいかもしれません。冬にかけて出回るコマイコ（卵）の醤油漬けもとても美味で人気があります。

1月の旬の食材

**魚介類**

タラ、フグ（P29）、アンコウ、キンメダイ、メヒカリ、伊勢エビ、ナマコ、赤貝

**野菜・果物類**

ゴボウ（P35）、春菊（P30）、小松菜、水菜、カブ、ワサビ、レモン、キンカン（P28）

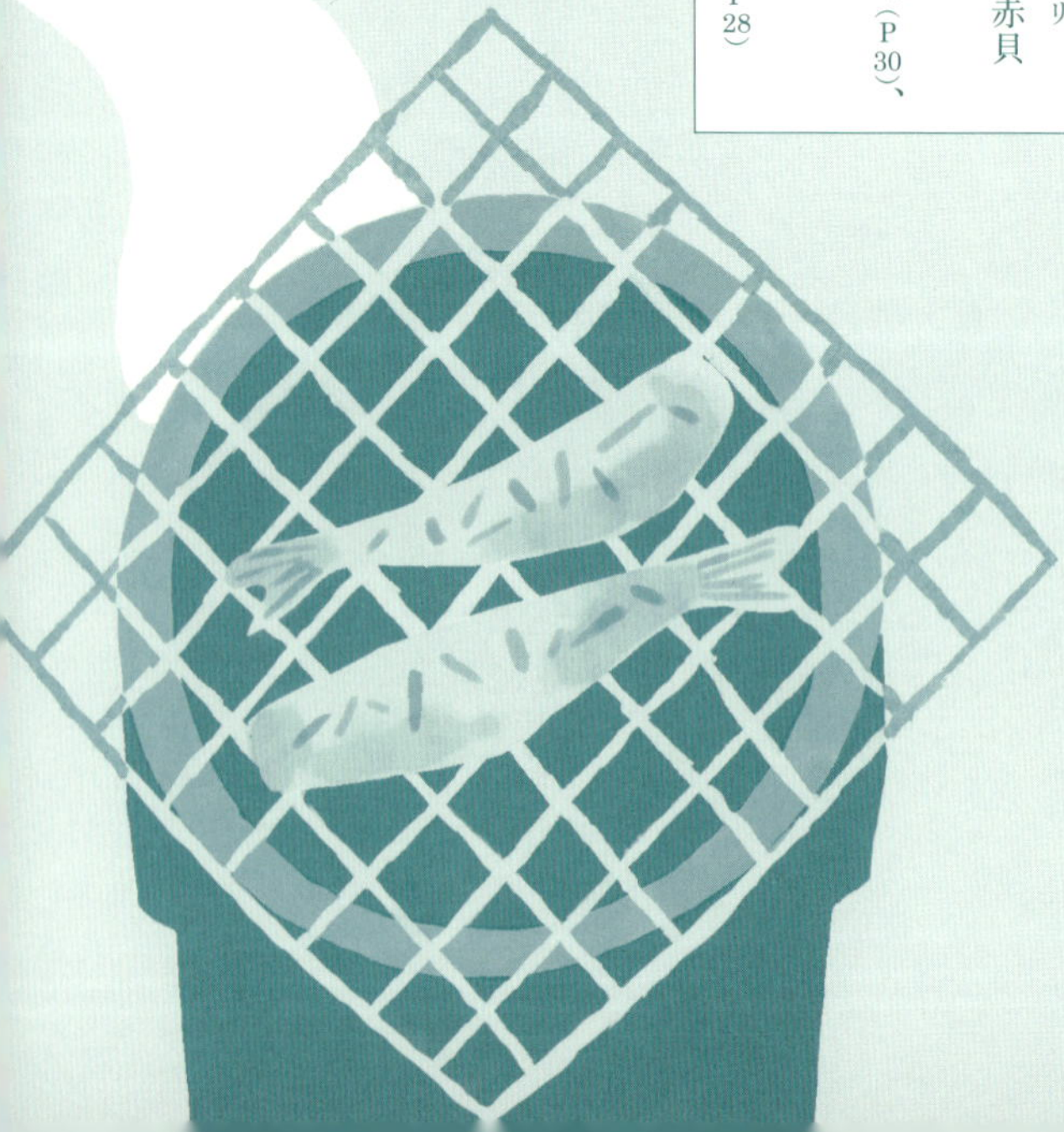

1月18日

## 御神渡《おみわた》りは神様の通った跡

寒さで湖が凍るとき、その一部がせり上がり山脈のように連なることがあります。その様子が、まるで凍った湖を神様が渡った跡のようだとして、御神渡《おみわた》りと呼びます。

有名なのは長野県の諏訪湖の御神渡りです。諏訪大社の上社《かみしゃ》の男神が、下社《しもしゃ》の女神のもとへ通った道筋と考えられてきました。亀裂の入り方で、その年の農作物の豊凶を占います。

1月19日

## 正月納めの二十日正月《はつかしょうがつ》

20日は、お正月にやってきた年神様がいよいよお帰りになる、正月納めの日です。この日には、お正月に用意した魚を骨まで食べ尽くす風習があります。主に西日本を中心に行われているものです。

お正月用に準備したブリなどの魚の頭や骨を、酒粕《さけかす》、野菜、大豆などと一緒に煮込んで粕汁にして食べます。このことから骨正月、頭《かしら》正月という別名もついています。

＊二十日正月は例年、1月20日です。

## 1月20日

# 1年で一番寒さが厳しい「大寒《だいかん》」

いよいよ1年でもっとも寒い日がやってきます。二十四節気「大寒《だいかん》」です。一方で、この日から春に近づいていきます。七十二候の款冬華《ふきのはなさく》は、大寒の初候。フキノトウが雪のなかからひょっこり新芽をのぞかせます。末候は、鶏始乳《にわとりはじめてとやにつく》。春の気配を感じて、鶏が卵を産み始めます。冬の卵は産卵数が少ないかわりに栄養価が高く、「大寒の卵」を食べると1年を健康に過ごせるといわれています。

## 1月21日

# 風邪の予防にはキンカンを

キンカンの実は小さいですが、皮ごと食べられるので、ビタミンCを多くとることができます。

たくさんのキンカンが手に入ったら甘露煮を作りましょう。ヘタを取って、細かく穴をあけるか、切り込みを入れて、砂糖とお水に、少しの醤油を加えて煮込みます。

咳や喉の痛みに効く食べ物として、昔から伝えられています。

＊大寒は例年、1月20日、21日ごろとなります。

## 1月22日

# フグでぜいたくな味わいを

冬の味覚としてその名があがるフグ。お刺身にすれば「てっさ」、鍋にすれば「てっちり」といいます。フグには部位によって猛毒があるので、当たると危ないことから「鉄砲」と呼ばれていました。これが転じて「てっさ」や「てっちり」の呼び名がついたといいます。

お皿の模様が透けて見えるほど、薄く切られたフグの刺身は、盛りつけを壊さないように、内側から食べていきます。薬味を巻いて、ポン酢につけて食べれば、フグの風味が口いっぱいに広がります。かむほどに旨味が出るのがフグ。じっくり味わいたいですね。

## 1月23日

## 春菊は栄養豊富、食べる風邪薬とも

すき焼きに欠かせない春菊の旬は11～3月ごろ。春に花を咲かせることから春菊と呼ばれるようになりました。春菊は食べる風邪薬ともいわれ、呼吸器系や胃腸を整える成分があります。また自律神経を整える働きももっていることもわかってきました。加熱し過ぎると苦味が増すので、鍋物にはあとから入れるようにするとおいしく食べられます。

## 1月24日

## お地蔵様に嘘をつかないで

子どもの守り神のお地蔵様。お地蔵様の縁日は毎月24日です。縁日とはご利益が増す日のこと。この日は、その年の最初のお地蔵様の縁日であることから、「初地蔵」と呼ばれています。

やさしい笑顔で子どもを見守るお地蔵様ですが、仏教では地獄の王、閻魔大王《えんまだいおう》と同一の存在と考えられているのだそう。お地蔵様の前では嘘をつかないようにしたいですね。

## 1月25日

# もっとも寒かった日

日本最寒の日は、なんとマイナス41・0℃！　氷点下40℃を超えるとバナナで釘が打てるそうですから、まさに身も凍る寒さです。北海道旭川市で1902年に観測されました。また青森市の八甲田山では雪中行軍の途中で遭難するという悲劇を生んだ日でもあります。

なお76年後の1978年2月17日には、正式な記録としては認められていないのですが、北海道幌加内町《ほろかないちょう》でこれを下回るマイナス41・2℃を観測しています。幌加内町では2月17日を「天使のささやきの日」に制定しました。天使のささやきとはダイヤモンドダストの別名です。

1月26日

# 縁起がよいとされる福寿草

雪解けとともに咲く黄金色の花で「春の訪れを告げる花」と呼ばれる福寿草。開花期は2月から4月ごろ。

江戸時代から人気があった花で、ちょうど立春のころに咲き始めることから、元日草や朔日草《ついたちそう》とも呼ばれていました。幕末のころからさまざまな品種が作られたという記録も残っています。

ただしこの福寿草には毒があります。地面から芽を出したばかりのころは、フキノトウによく似ています。うっかり食べないように注意が必要です。

**冬の花々**

シクラメン（P278）、ポインセチア、スイセン、蝋梅《ろうばい》、梅、クリスマスローズ（P289）、シャコバサボテン、プリムラ、エリカ、シンビジウム、スノードロップなど

1月27日

# 真っ白なのに「銀」世界？

雪が降り積もり、あたり一面が真っ白になった様子を「銀世界」や「白銀の世界」といいますね。

白銀は、雪の白さのたとえとして使われる言葉です。白銀とはシルバーのこと。キラキラとした金属のイメージが、光沢感のある雪の輝きに近かったからなのかもしれません。

お米の銀シャリや、スケートリンクの銀盤など、白っぽくキラキラしたものは、日本語でしばしば「銀」という言葉を冠して呼ばれることがあります。

**いろいろな雪の名前**

**細雪《ささめゆき》**
細かく降る雪。

**綿雪《わたゆき》**
綿をちぎったような大きなかけらで降る雪。牡丹雪よりは小さい。

**牡丹雪《ぼたんゆき》**
ボタンの花びらのようにふっくらとした雪。または、ボタボタと水気を含んだ雪。

**粉雪《こなゆき》**
粉のようにさらさらした雪。

**瑞雪《ずいせつ》**
めでたい印とされる雪。

**雪化粧《ゆきげしょう》**
まるでお化粧をしたかのように、雪で美しく覆われたさま。

**綿帽子《わたぼうし》**
山や木に雪が降り積もった様子。

1月28日

# 長い旅を経てたどり着く冬の風物詩、流氷

日本国内で流氷は北海道でしか見ることができません。北海道から1000kmも離れたロシアの川でできた氷が、海流にのって、姿を変えながら日本の北の海辺にたどり着く…。大自然のロマンにあふれた光景です。

オホーツク海全体が氷で覆われた圧巻の景色は、海岸からも見ることができますが、流氷砕氷船《さいひょうせん》に乗ってその海を進むクルージングが人気です。船が氷を砕く振動が伝わってきて、迫力満点！

流氷の漂着は1月の中ごろから。氷の妖精の別名で人気となった「クリオネ」が流氷の下にいることもあります。

1月29日

## 花びら餅に欠かせないゴボウ

ゴボウは冬が旬。皮の部分に栄養が豊富に含まれているので、厚くむかないようにしましょう。包丁の背で皮をこそぐほか、クシャッと丸めたアルミホイルでこすると、簡単に皮むきができます。

甘く煮たゴボウが入った「花びら餅」は、この季節ならではの和菓子。味噌餡とゴボウが入っているのは、お雑煮に見立てているのだとか。茶道の初釜の主菓子として広がりました。

1月30日

## 1月の伝統色「憲房色《けんぼういろ》」

黒みの強い渋い茶色の憲房色《けんぼういろ》（P2）。江戸時代初期の兵法家で吉岡流剣法の祖である吉岡直綱《なおつな》が創始し、同家に伝えた色で、直綱の号である憲房が色名の由来です。直綱は宮本武蔵と試合をした人物だと伝えられています。個人の名が色名に使われたなかでもっとも古い例だといいます。

江戸時代に「吉岡染」として栄え、衣服の色として愛用されました。

# 1月31日

# 実はとてもまぶしい雪明かり

苦労して学問に励み、それが報われて成功したことをいう「蛍雪《けいせつ》の功《こう》」。火を灯す油を買えず、夏は集めた蛍の輝きで、冬は積もった雪の明かりで勉強をしたという、中国の故事から生まれた言葉です。

雪が降る夜は、いつもより明るく感じませんか。これは雪が光を反射するから。そこで、気をつけたいのが紫外線。雪の紫外線反射率は80％と非常に高いのです。雪遊びにはＵＶケアを忘れずに。

また雪景色をカメラで撮影すると、雪の明るさの影響で全体が暗くなりがち。フラッシュをたいたり、露出をオーバーに設定したりするときれいに撮れます。

冬のことわざ

**冬来《きた》りなば春遠からじ**
苦しいときを耐えれば、やがて繁栄の時期がくる。冬の時期がきたら、春はもうすぐそこだという意味でも使われる。

**冬至《とうじ》冬中《ふゆなか》冬始め**
暦では、冬の真ん中にあたる冬至。でも本格的に寒さが厳しくなるのはこのあと。

**冬の雨は三日降らず**
冬の雨は3日続かないであがる。

**柳に雪折れなし**
しなやかなもののほうが、硬いものよりも困難に耐えることができる。

**夏歌うものは冬泣く**
働くべき夏に歌って暮らすと、冬になって寒さと飢えで泣くことになる。

# 2月

## 立《りっ》春《しゅん》

↓P41

**東風解凍**［はるかぜこおりをとく］◎4～8日ごろ
春の風が氷を解かし始めるころ。

**黄鶯睍睆**［うぐいすなく］◎9～13日ごろ
ウグイスが美しい鳴き声で春を告げるころ。

**魚上氷**［うおこおりをいずる］◎14～18日ごろ
割れた氷の間から魚が跳ね上がるころ。

## 雨《う》水《すい》

↓P50

**土脉潤起**［つちのしょううるおいおこる］◎19～23日ごろ
雨が降って大地に潤いをあたえるころ。

**霞始靆**［かすみはじめてたなびく］◎24～28日ごろ
霞が現れ始めて山野の情景に趣が加わるころ。

**草木萌動**［そうもくめばえいずる］◎29～3月4日ごろ
草木が芽吹き、新しい命が生まれるころ。

2月1日

# 2月の時候のあいさつ
# 余寒のなかに春のきざし

2月を迎えると梅もほころび始め、早春の花が咲き始めます。暦の上では2月3日に節分、4日ごろに立春《りっしゅん》を迎え、旧暦では「睦月《むつき》」に相当します。現在も年賀状に使う「初春のお慶びを申し上げます」という言葉は、その名残です。

便りには春の訪れが見え始めていることを表現すると、温かみのあるものに。また春に向けていろいろと動き出す時期でもあります。相手の活躍を願う言葉も添えたいですね。

**2月の時候のあいさつ例**

**書き出し**

● 晩冬の候 ● 向春の候 ● 余寒の候 ● 梅花の候
● 暦の上では春ですが、まだまだ寒気が流れ込んでいます
● 寒さの厳しい時期、春の便りが待ち遠しいです
● 寒さのなかにも春の足音が聞こえ始めました
● ふくらみ始めた梅のつぼみを見つけました
● 春一番が吹き、寒さも和らいできました
● どことなく春の気配が漂う今日このごろ
● 日が長くなり、春も近いように感じられます

**結び**

● まだまだ余寒は続きそうです。みなさまお元気でお過ごしください
● 季節の変わり目です。くれぐれもご自愛ください
● 寒い毎日ですが、お体を大切になさってください
● この寒さももう少し、乗り切りましょう
● 暖かくなりましたら、一緒にお出かけしましょう
● まだまだ寒さが残ります。どうぞご自愛ください
● 春の訪れを待ちながら、お大事に過ごしてください
● 春もすぐそこに、みなさまのご活躍をお祈りしています

2月2日

# その年の恵方《えほう》を向いて まるかじりする恵方巻き

節分に「恵方《えほう》」を向いて太巻きを食べると縁起がよいとされる恵方巻きは、節分の定番料理になりました。恵方とは、その年の年神様がいる吉方位のこと。毎年変わるので、食べる前には忘れずにチェックしておきましょう。

恵方巻きを食べるときには、このほかにも決まりがあります。食べるのは太巻きを1人1本。福が途切れないようにカットせずに、そのまま食べます。また食べている間は話すこともNG。恵方巻きは大阪発祥といわれ、かじることを「かぶる」と言う大阪弁から「丸かぶり寿司」とも呼ばれます。

# 2月3日

# 鬼は外！ 節分には豆まきを

節分になると楽しみなのが豆まき。季節の節目、分かれ目である「節分」には、邪気（＝鬼）が入りやすいと考えられていました。そこで豆（＝魔滅）まきをして、鬼を追い払います。そして豆まきのあとは、年の数だけ豆を食べます。このころは立春《りっしゅん》、新しい年になるので、自分の年齢に豆を１つ足して食べましょう。もし食べきれなければ、お湯やお茶に豆と昆布や梅干し、山椒などを入れた、「福茶」にして飲むのがおすすめです。

　ほかにも、鬼が嫌うという柊《ひいらぎ》の枝にイワシの頭を刺した柊鰯《ひいらぎいわし》を玄関に飾る風習が残っている地域もあります。

## 2月4日

# 「立春《りっしゅん》大吉」は鬼のめくらまし？

立春《りっしゅん》を迎えると暦の上では春になります。「立」には「始まり」の意味もあり、旧暦では立春が新しい1年の始まりでした。この日は「立春大吉」と書いた紙を門に掲げます。この文字はすべてが左右対称で、裏から見ても「立春大吉」です。一度門をくぐった鬼が、振り返ってその紙を見たときに「まだなかに入っていない」と勘違いして出ていってしまうので、厄祓《ばら》いになるとされています。

＊立春は例年、2月3日、4日ごろとなります。

## 2月5日

# 大きな雪像を見に、北の大地へ

札幌の大通公園などに巨大な雪像が並ぶ「さっぽろ雪まつり」。北海道各地から運ばれてくる雪の総量は約3万トン。高さ15mほどの大雪像で、5トントラック500台分の雪が必要になるそうです。

1950年に地元の中高生が6体の雪像を作ったのが雪まつりの始まりといわれています。今では世界中から250万人が訪れる冬の人気イベントになりました。

＊「さっぽろ雪まつり」は例年、2月4〜11日に開催されます。

## 2月6日 寒さを気づかう「余寒見舞い」

新年早々、あわただしく過ぎていき、年賀状のお返しを忘れてしまった…もしこの時期に送るなら「余寒見舞い」と書きます。「余寒」とは、寒があけても残る寒さのこと。寒中見舞いと基本的には同じですが、余寒見舞いの場合、立春を過ぎて以降、寒さの続く間ならば送っても問題ないとされています。寒い地域の方になら3月頭までは送れそうですが、なるべく早く送りたいですね。

## 2月7日 凍りついたかのような鶴

凍鶴《いてづる》はまるで凍りついてしまったかのように、鶴がじっとたたずむ姿を表現する言葉。凍った湖面に片足立ちで、長い首を後ろに曲げ、くちばしを翼の間にはさんでいる姿などをいいます。

ほかに、寒さのあまり凍りついたような空を凍空《いてぞら》、寒さで冴え渡った夜空に見える星を凍星《いてぼし》。なかなか見られませんが、冬まで生きのびたものの、ほとんど動かない蝶を凍蝶《いてちょう》と呼びます。

## 2月8日

# 針にお礼をする針供養の日

　この日は、針への感謝と裁縫の上達を祈る針供養の日です。折れた針や錆びた針を豆腐やこんにゃくなどに刺して神社に納めます。一生懸命働いてくれた針に、ゆっくりと休んでほしいという思いから、やわらかいものに刺し、供養するのが習わしです。

　全国の寺社で行われる行事ですが、発祥とされる和歌山の淡島《あわしま》神社では2月8日に針供養をします。淡島神社は女性の守り神の淡島神《あわしまのかみ》を祀《まつ》る神社で、人形供養なども行われています。また、針供養を12月8日に行う寺社もあります。

## 2月9日

# 初午《はつうま》はお稲荷《いなり》さんに

立春を迎えて、初めての午《うま》の日を初午《はつうま》と呼びます。711年の初午の日、京都の伏見稲荷《いなり》の祭神、稲荷神が稲荷山に降りたとされることから、初午の日に稲荷参りをするのが習わしとなりました。

栃木では、この日にお正月の鮭の頭や節分の豆などを混ぜた「しもつかれ」という郷土料理を食べます。7軒のしもつかれを食べ歩くと中風《ちゅうぶ》（脳卒中などの後遺症である麻痺）にならないとか。

## 2月10日

# 釣りも楽しいワカサギ

この時期に氷が張った湖や池に穴をあけて、釣り糸を垂らしている人は、ワカサギ釣りを楽しんでいるのかもしれません。釣り上げたその場で天ぷらにすればおいしさもひとしお。生臭さが気になる

場合は、ワカサギの下顎《したあご》をつまんで尾びれに向けて引っ張れば、内臓をきれいに取ることができます。粗塩を使ってぬめりが取れるまでしっかり洗えば、鱗《うろこ》もなくなり食べやすくなります。

## 2月11日

## 春のかわいい和菓子 鶯餅《うぐいすもち》

鶯餅《うぐいすもち》は、あんこを求肥《ぎゅうひ》で包み、緑色のうぐいすきな粉をまとわせた和菓子です。両端をちょっとつまんで、鳥のウグイスのような姿に整えます。

うぐいすきな粉の原料になる青大豆は、熟しても青いままの豆で「畑のエメラルド」と呼ばれます。これで豆腐を作ればきれいな緑の「翡翠豆腐《ひすいどうふ》」ができあがります。

2月12日

# お祝いの席にはハマグリを

ハマグリは、対になった貝殻以外はぴったり合わないことから、夫婦和合の象徴とされてきました。平安時代には貝合わせという遊びもありました。結婚祝いやひな祭りなどには欠かせない、縁起のよい食材です。

ハマグリには、鉄分や亜鉛、タウリンが多く含まれ、貧血予防・改善に効果があります。また注目したいのが、ビタミンB12が豊富なこと。神経の機能を正常に保つ、DNAの合成・調整などの作用があります。水に溶けやすい成分なので、お吸い物や酒蒸しなどにして、出汁までしっかり味わいたいですね。

**2月の旬の食材**

**魚介類**
鯛、白魚《しらうお》（P50）、ワカサギ（P44）、ホウボウ、イイダコ

**野菜・果物類**
芥子菜《からしな》（P48）、フキノトウ（P51）、菜の花、イヨカン、ハッサク、デコポン

## 2月13日

# 幻想的なダイヤモンドダスト

朝日を浴びてキラキラと舞う氷の小さな粒。「ダイヤモンドダスト」は、氷点下15℃以下の晴れた朝などに見ることができる、神秘的な自然現象です。

大気中の水蒸気が一気に冷やされて、雲になる前に氷の結晶になります。その結晶が空気中に漂い、太陽の光を受けて虹色や金色に輝いて見えます。漢字では「細氷《さいひょう》」と書きます。一度は見てみたいですね。

## 2月14日

# バレンタインデーにチョコを

兵士の結婚が禁止されていた3世紀のローマ。その結婚式をこっそり執り行っていたバレンタイン司祭は、この罪を問われ2月14日に処刑されました。これに由来しバレンタインデーは愛の告白をする日になったといわれています。日本ではチョコレートを贈るのが定番。チョコレートには降圧作用や抗酸化作用があり、健康にもよいので大切な人への贈り物にはぴったりですね。

## 2月15日

# この風が吹けば春がくる

立春《りっしゅん》から春分《しゅんぶん》までの間で、その年の最初に吹いた強い南風を春一番と呼びます。この風が吹けば「春はもうすぐそこ」と感じる人も多いのではないでしょうか。

この春一番、全国で観測されるものかと思いきや、春分に入っても寒さが残る北海道や東北と、立春前から南風が吹く沖縄、盆地の長野と山梨では吹くことがない風だそうです。

江戸時代、長崎県の五島沖《ごとうおき》で強風が漁師53人を遭難させた海難事故から、春一番を数えるようになったとか。雪崩《なだれ》や火災の原因にもなる強風なので、春一番が吹くころには防災対策も確認しましょう。

## 2月16日

# ピリッと辛《から》い青菜の芥子菜《からしな》

芥子菜《からしな》は、大根の葉のような形をしたアブラナの一種。チンゲンサイや白菜の仲間で、葉や茎は独特のピリッとした辛

味と香りがあり、おひたしや漬物にして食べます。葉の色が濃く、みずみずしいものを選びましょう。ちなみに、種をすりつぶして粉末にしたものが和からしの原料です。この粉を水で練って布や紙に塗れば、湿布としても使えるそうです。

2月17日

## 五穀豊穣を祈る、祈年祭《きねんさい》

五穀豊穣を祈る祈年祭《きねんさい》が行われるのは、春の耕作始めの時期です。「祈年」とは、その年の豊作を祈ること。農耕民族であった日本人が五穀豊穣を祈ることは、国の安泰を願うことと同じでした。

祈年祭は「としごいのまつり」とも呼ばれます。「とし」は稲の美称で、「こい」は乞うこと、祈ることを意味します。11月の新嘗祭《にいなめさい》（P267）と対になり、古くからとても大切にされてきたお祭りです。

＊祈年祭は、例年2月17日に行われます。

## 2月18日

# 白魚《しらうお》は「春から縁起がいい」？

江戸時代、隅田川に浮かべた船に篝《かがり》火《び》をたき、それに群がってくる白魚《しらうお》を捕るのが春の風物詩でした。歌舞伎演目の「三人吉三《さんにんきちさ》」にこの情景が登場。「月も朧《おぼろ》に白魚の篝《かがり》もかすむ春の空」で始まり「こいつは春から縁起がいいわぇ」で結ぶ、歌舞伎の名セリフのひとつです。

かき揚げなどが美味な白魚に対し、踊り食いで有名なのは「シロウオ（素魚）」。このふたつはまったく別の魚です。

## 2月19日

# 雪は雨に、氷は水に。「雨水《うすい》」

二十四節気の「雨水《うすい》」は、雪が雨になり、氷が解けて水になる、暖かくなってきたころのこと。

中国宣明暦では雨水の初候を「獺祭《たつうを》魚《まつる》」としています。カワウソが獲物を岸に並べる様子が、人が先祖へお供物を並べる姿に似ているとされ、たくさんの書物を並べて調べものをする人を表す言葉としても使います。日本酒「獺祭《だっさい》」の名前の由来のひとつでもあるそうです。

＊雨水は例年、2月18日、19日ごろとなります。

## 2月20日

# 春を告げるフキノトウ

雪解けのころに一斉に芽吹くフキノトウは、春を告げる山菜です。つぼみがまだ固く閉じているものが食べごろで、大きくなり過ぎると苦味が強くなってしまいます。

フキノトウを刻んで油で炒め、味噌、みりん、砂糖を加え、水分を軽く飛ばせば、春の味覚のフキミソのできあがり。ご飯のお供やお酒のおつまみにぴったりの一品です。

## 2月21日

# 霞《かすみ》と霧《きり》の違いは？

ぼんやりと遠くがはっきり見えない様子を「霞《かすみ》」や「霧《きり》」といいます。暖かくなり始めた春先によく見られる現象です。霧は空気中の細かい水滴によるもの、霞は細かい水滴やチリなどが混ざったものだといわれています。「霞」は春の季語ですが、「霧」は秋の季語です。

また、夜の霞を「朧《おぼろ》」といいます。月がぼんやりかすんで見える朧月《おぼろづき》（P78）も春ならではの現象です。

## 2月22日

# 古《いにしえ》の日本人も愛した、梅見

桜の花見にはまだ少し早いこの時期、梅見をするのはいかがでしょうか。

奈良時代の花見といえば、桜ではなく梅でした。『万葉集』では、梅を詠んだ歌が１２０首ほど、一方、桜の歌は50首足らず。古くから梅は愛されていました。現在の元号である「令和」も『万葉集』第5巻、梅花の歌32首の「初春の令月《れいげつ》にして、氣淑《きよ》く風和《かぜやわら》ぎ、梅は鏡前《きょうぜん》の粉《こ》を抜《ひら》き、蘭《らん》は珮後《はいご》の香《こう》を薫《かおら》す」という序文から引用されました。

時を経て、桜の花見が主流になっていた江戸時代。庶民の間で「逆に梅見をするのが通」と流行したこともあるそう。

## 2月23日 天皇陛下のお誕生日

今上天皇の誕生日は2月23日です。2020年からは、この日が天皇誕生日で祝日となり、皇居での一般参賀など祝賀行事が行われます。

日本の天皇家は、神武天皇から数えると紀元前660年から125代続く、世界中でもっとも古い王室と考えられています。多くの王朝が歴史の荒波にもまれ滅んだり、変わったりしましたが、そのなかで唯一維持し、今に続いています。

## 2月24日 2月の伝統色「萌木色《もえぎいろ》」

春先に萌え出る若葉のような黄緑色（P2）。「萌黄色」とも書きます。平安時代から用いられ、黄緑色を代表する伝統色です。『平家物語』では若武者が萌木色の鎧《よろい》を着て描かれています。若者に似合う色として使われたようです。そして、春の色として愛され続けています。

ちなみに歌舞伎の定式幕《じょうしきまく》は萌葱色《もえぎいろ》、柿色（P6）、黒色の三色。萌葱色は読み方は同じですが、暗い緑を指します。

# 2月25日

# 「東風《こち》吹かば…」梅を愛した菅原道真《すがわらのみちざね》の命日

「東風《こち》吹かば　にほひおこせよ　梅の花　あるじなしとて　春な忘れそ」。身に覚えのない罪で、京都から九州の太宰府《だざいふ》に左遷された菅原道真《すがわらのみちざね》が、自宅に残した梅を思い「主がいなくても春を忘れず、梅の香りを風に乗せて届けておくれ」と詠んだ歌です。その梅が、道真を追いかけて飛んできたという「飛梅《とびうめ》伝説」は有名で、飛梅は今も太宰府天満宮のご神木として大切にされています。

道真の没した2月25日は道真忌《みちざねき》。梅の花を道真に捧げる太宰府天満宮の「梅花《ばいか》祭《さい》」をはじめ、全国の縁の地で行事が行われます。

梅の歌

**「人はいさ 心も知らず ふるさとは 花ぞむかしの 香《か》ににほひける（紀貫之）」**
人の心変わりはわからないけれど、
梅の花は昔のまま、変わらずに香っている。

**「君ならで 誰にか見せむ 梅の花 色をも香をも 知る人ぞ知る（紀友則）」**
あなた以外の誰にこの梅の花を見せられるものか。
色も香りもわかる人はあなただけ。

**「梅が香を 夢の枕に さそひきて さむる待ちける 春の山風《やまかぜ》（源実朝）」**
梅の香りを夢見て寝ていた枕元に、その香りを運んできた
春の山風は、目が覚めるまで待っていてくれた。

**「梅が香に のつと日の出る 山路かな（松尾芭蕉）」**
早春の夜明けに山道を歩いていたら、
梅の香りに誘われるように朝日がぬっと顔を出した。

**「梅が香の 立ちのぼりてや 月の暈《かさ》（与謝蕪村）」**
ほのかに漂う梅の香りは、立ちのぼってあの月の暈になったのかも。

**「梅一輪 一輪ほどの 暖かさ（服部嵐雪）」**
梅が1輪、咲くにつれて、少しずつ暖かくなっている。

2月26日

## 2月の伝統色「紅《こう》梅《ばい》色《いろ》」

紫みのある淡い紅色（P2）。紅色の濃さによって、「濃紅梅色《こきこうばいいろ》」「中紅梅色《なかこうばいいろ》」「淡紅梅色《うすこうばいいろ》」という色もあります。平安時代には高貴な女性の表着《うわぎ》の色として大流行したそう。

奈良時代のころから、花といえば梅を表していたというくらい親しまれ、「春《はる》告草《つげぐさ》」「花の兄」「好文木《こうぶんぼく》」という別名も。梅は春に先がけて咲く花として、愛され続けています。

2月27日

## 寒い時期に食べたい柑橘類

一般的にミカンといえば「温州《うんしゅう》ミカン」を指します。秋ごろから収穫が始まり、この時期に出荷されるものは「晩生《おくて》ミカン」と呼ばれ、甘味《あまみ》が強いのが特徴です。ほかにもハッサク、ポンカン、キンカン、デコポン、ネーブルなどこの時期が旬の柑橘類には、美肌作りや風邪予防に欠かせないビタミンCがたっぷり。乾燥しやすいこの季節には、特にたくさん食べたいフルーツですね。

2月28日

## 「ホーホケキョ」鶯《うぐいす》の初音《はつね》

ウグイスは別名「春告鳥《はるつげどり》」と呼ばれます。春がきたことを知らせてくれる鳥です。その年、最初にウグイスが鳴く声を鶯《うぐいす》の初音《はつね》といいます。緑色の食べ物などを「ウグイス」と呼ぶので誤解されていますが、ウグイスは茶色に近く、そして警戒心の強い鳥です。鶯の初音を聞いて、その姿を探しても、見つけるのは難しいかもしれません。黄緑色のメジロをウグイスと混同する人も多いとか。

2月29日

## 閏《うるう》日《び》のルール

地球の公転周期は365日と約5時間48分。1年は365日なので、4年でほぼ1日分の時間があまる計算になります。そこで4年に1度、追加されるのが閏《うるう》日《び》です。ただ、1年であまる時間が6時間ちょうどではないので、1日分足すとまたズレが生じます。その微調整のために「西暦年が100で割り切れても、400で割り切れない年は閏日を入れない」というルールが設けられています。

# 3月

## 啓《けい》蟄《ちつ》 ↓P61

**蟄虫啓戸**［すごもりむしとをひらく］◎5～9日ごろ
冬ごもりしていた虫たちが出てくるころ。

**桃始笑**［ももはじめてさく］◎10～14日ごろ
桃のつぼみが開き、花が咲き始めるころ。

**菜虫化蝶**［なむしちょうとなる］◎15～19日ごろ
サナギが羽化し、チョウへと生まれ変わるころ。

## 春《しゅん》分《ぶん》 ↓P72

**雀始巣**［すずめはじめてすくう］◎20～24日ごろ
スズメが巣を作り始めるころ。

**桜始開**［さくらはじめてひらく］◎25～29日ごろ
春となり、ようやく桜の花が咲き始めるころ。

**雷乃発声**［かみなりすなわちこえをはっす］◎30～4月3日ごろ
恵みの雨を呼ぶ雷が遠くの空で鳴り始めるころ。

## 3月1日

# 全国一斉、火の用心！

3月1〜7日は「春の全国火災予防運動」期間。消防庁や多くの自治体、施設で防火・防災イベントが行われます。

全国一斉の火災予防運動が始まったのは1945年。アメリカの火災予防週間にならい、日本も秋に行われました。1955年から春も加わり、年2回実施されています（秋の全国火災予防運動は11月9〜15日）。火災は冬に多いイメージなのに、なぜ春にも加わったのか。実は日本では冬よりも春のほうが出火件数が多いのです。消防庁の統計によると出火件数は3月が最多。春の火災にはくれぐれもご用心を。

## 3月2日

# ひな祭りの食事は幸せにと願いを込めて

女の子の健やかな成長と幸せを願うひな祭り。ひな祭りの行事食にも、そんな親心がたっぷり詰まっています。

＊気候の特性を鑑み、一部地域では日程をずらして実施されます。

見た目も華やかなちらし寿司。飾りの海老《えび》は「長生き」、レンコンは「見通しがきく」、豆は「まめに働ける」という意味が込められています。ハマグリのお吸い物は、対の貝殻しか合わないことから「よい相手と結ばれ夫婦円満に過ごす」ことを願って。

また、ひなあられや菱餅に使われている3色にも意味があり、赤は魔除け、白は子孫繁栄・清浄、緑は健やかな成長・長寿という願いが込められています。

3月3日

# ひな祭りとして発展した上巳《じょうし》の節句

古代中国の陰陽道では、奇数(陽)は縁起がよく、偶数(陰)は縁起が悪いと考えられ、月と日の数字が奇数で重なる日は、奇数+奇数=偶数で陰になると、邪気祓《ばら》いが行われていました。

3月3日は「上巳《じょうし》の節句」として、水辺で邪気を祓う風習でしたが、日本に伝わると、身代わりの紙人形を川に流し不浄を祓う「流しびな」の習慣と合わさり、現在の形に発展したと考えられます。

もとは老若男女問わず、厄祓いをしていた日。旬のものを取り入れると、生命力を得て、邪気祓いになるといわれています。

## 3月4日

## 強風にご注意！ 春の嵐

春は穏やかなイメージとは裏腹に、天候が不安定な季節。急激に天候が悪化する春の嵐にはご注意。

北からの冷たい空気と南からの暖かい空気がぶつかって上昇気流となり、温帯低気圧が急速に発達することで起こる春の嵐。台風並みの暴風や竜巻が起こることも。メイストームとも呼ばれ、3月から5月ごろにかけて発生することが多いので、天気予報はこまめにチェックを。

## 3月5日

## 生き物たちが目覚める「啓蟄《けいちつ》」

二十四節気のひとつ、啓蟄《けいちつ》。「啓」は「開く」、「蟄」は「土の中で冬ごもりをしている虫」という意味があります。つまり、冬眠していた虫たちが土から出てくるころという意味。虫だけでなく、草花も芽吹くころです。動きだした春を探しに外へ出てみるのもいいですね。

ちなみに、中国語では啓蟄を「驚蟄」と書きます。土の中の虫たちが春雷に驚いて出てくるという意味があるのだとか。

＊啓蟄は例年、3月5日、6日ごろとなります。

# 3月6日

## 3月の時候のあいさつ 変化の節目に送っては

3月は旧暦では「如月《きさらぎ》」に相当し、草木の芽が張る「草木張月《くさきはりづき》」が語源ともいわれています。小草生月《おぐさおいづき》、木《こ》の芽月《めづき》とも呼ばれ、タンポポやスミレなど、大地の草花がいっせいに咲き始めます。

春先は天候不順で寒暖差もあるので、便りには健康への配慮もしたいもの。

また、環境などの変化の多い、落ち着かない時期でもあります。行事としてはひな祭り、そして合格や卒業のお祝い、人事異動などがあります。草木も生長し、みな新年度に向けて成長、スタートする季節。お祝いや応援のメッセージを伝えてはいかがでしょうか。

**3月の時候のあいさつ例**

**書き出し**

- 早春の候 ● 初春の候 ● 春分の候 ● 解氷の候
- ひと雨ごとに暖かさがましてきました
- 日ごとに春めいてまいりました
- 桜の花が待ち遠しい今日このごろ
- 桃の節句にはおひな様が飾られたことでしょう
- 春風にのっておめでたい便りが届きました
- 合格おめでとうございます
- このたびはご栄転おめでとうございます

**結び**

- 何かと忙しい季節の変わり目ですが、無理せずお体を大切に
- すっかり春めいてきましたが、油断なさらず健康には十分ご注意を
- 天候の変わりやすい季節です。風邪などひかれませんように
- 寒さもあとひと息、元気に春を迎えましょう
- 巣立ちの春ですね。新しいスタートに心からエールを送ります
- 新生活が実り多きものとなりますよう願っています
- 春の訪れとともに、みなさまにも幸せが訪れますように

# 3月7日

気候がよくなり、春の朝は気持ちがよく、ついつい寝過ごしてしまいがち。それはいつの時代も変わらないようです。

**春のことわざ**

**春の晩飯あと三里**

春の日は長く、晩飯後でも三里（約12km）は歩けるということ。春の日が長いというたとえ。

**春宵一刻値千金《しゅんしょういっこくあたいせんきん》**

春の夜は花が香り、月も趣があり、わずかな時間でも千金の値打ちがあるということ。

**暑さ寒さも彼岸《ひがん》まで**

春分の日や秋分の日を境に、それまでの寒さや暑さが和らいで過ごしやすくなること。

**明日ありと思うこころの仇桜《あだざくら》**

桜は明日も美しく咲いているだろうと安心していると、その夜中に強風が吹いて散ってしまうかもしれない。明日はどうなるかわからないという世の無常を説いた戒め。

## 1300年前から「春眠《しゅんみん》暁《あかつき》を覚えず」

「春眠暁《しゅんみんあかつき》を覚えず」。これは、今からおよそ1300年前、中国の詩人、孟浩《もうこう》然《ねん》が残した詩「春暁《しゅんぎょう》」の冒頭。「春の眠りは心地よく、夜が明けたのも気づかず眠り込んでしまう」という意味です。この詩の続きは、「処処啼鳥《しょしょていちょう》を聞く、夜来《やらい》風雨《ふうう》の声、花落《はなお》つること知る多少ぞ」。意味は「ふと目を覚ますと鳥のさえずりが聞こえる。そういえば昨晩は雨風の音が激しかった。あの嵐でおそらく花がたくさん散ったことだろう」。のどかな春の暁を詠っています。

## 3月8日

# 渡り鳥が北へ帰るとき

ガンやハクチョウ、ツルなど、越冬のために日本へ来ていた冬鳥が北へと旅立つ「北帰行《ほっきこう》」の時期です。大空をV字飛行する渡り鳥の姿は春の風物詩。

ところで、なぜV字飛行するのでしょう。鳥が翼を羽ばたかせると、翼の横には上昇気流が発生します。そのため斜め後ろにいる鳥は上昇気流に乗って楽に飛べるのです。単独で飛ぶより、かなり飛距離が伸びるそうですよ。

## 3月9日

# 3月の伝統色「桃色《ももいろ》」

春を代表する色といってもいい桃色《ももいろ》（P3）。古くから好まれ、『万葉集』に「桃染め」の記述がみられます。

中国で桃は魔除けの力をもつとされ、桃の節句（ひな祭り）では桃色で華やかに彩って、健やかな成長を願います。

七十二候には「桃始笑《ももはじめてさく》」があり、春となって桃のつぼみが開き、花が咲き始めるころを表します。ちなみに昔は花がさくことを「笑《さ》く」と記したそうです。

3月10日

## 桜の香りをまとった桜餅

春の代表的な和菓子といえば桜餅。

江戸時代、隅田川の向島《むこうじま》にあった長《ちょう》命寺《めいじ》の門番が、大量の桜の落ち葉を利用できないかと考え、桜餅が誕生。それを門前で売り出し、江戸で大ヒットしたといわれています。

現在では塩漬けにする桜の葉は、やわらかく毛の少ない食用に適したオオシマザクラの葉を使用しており、桜の独特な香りが漂って、塩気が味のアクセントに。桜餅で春の訪れを味わいましょう。

ちなみに桜の葉は食べても、食べなくてもよく、お好みで。

3月11日

# 春《はる》告《つげ》魚《うお》とされるサヨリ

春が旬の魚といえば、サヨリ。白身魚のなかでも高級魚として扱われており、刺身、天ぷら、塩焼き、干物、いろいろな料理でおいしく味わえる魚です。

見た目もスラッと細長く美しい魚ですが、お腹を割ると意外にも真っ黒。これは、筋肉が半透明の魚によく見られる現象で、太陽の紫外線から内臓を守るために真っ黒の膜で覆われているのだとか。苦味や臭みもあるので、調理時にはしっかりと処理する必要があります。

心に悪だくみをもっている人を「腹黒い」といいますが、この言葉はサヨリが由来になっているそうです。

**3月の旬の食材**

**魚介類**
サワラ、帆立貝、ハマグリ、ヤマトシジミ、青柳、ワカメ

**野菜・果物類**
春キャベツ（P77）、フキ、サヤエンドウ、葉ワサビ、新タマネギ、三つ葉、ニラ、ノビル、キウイフルーツ

## 3月12日

### 修《しゅ》二《に》会《え》が終わるころ春がくる

山や海で春の訪れが見えるころ、お寺でも春を告げる行事がひとつ。それが修《しゅ》二《に》会《え》です。人々の罪を懺悔《ざんげ》し、平安・豊穣祈願を行う仏教行事で、東大寺二月堂で行われる修二会が有名です。

3月1～14日に行われ、メインとなるのが12日深夜の「お水取り」。観音様にお供えする水を汲みに行く際、高さ8mもの巨大松明《たいまつ》がたかれ、この火の粉を浴びると健康になるといわれています。

## 3月13日

### 13歳のお祝いの十三詣《じゅうさんまい》り

旧暦の3月13日（今では3月13日～5月13日）、数え年で13歳を迎える男の子、女の子が、大人の着物を着て虚空蔵菩薩《こくうぞうぼさつ》に参拝する十三詣《じゅうさんまい》り。虚空蔵菩薩は無限の知恵と福をもつ菩薩といわれ、成長への感謝とともに「知恵を授かりますように」と願いを込めお詣りします。数え年の13は、生まれた十二支を再び迎える初めての年。厄除けも兼ねて参拝することも多いようです。

## 3月14日

# おいしくてかわいいものをもらいたいホワイトデー

バレンタインデーのお返しを贈る日として、日本で誕生したホワイトデー。今では中国や韓国でも親しまれています。もともとはさまざまなお菓子メーカーが独自でキャンペーンやイベントをしていたそうですが、それを受け、全国飴菓子工業協同組合が3月14日にホワイトデーを設定したといわれています。

ところで、なぜ3月14日なのでしょうか。実はバレンタインデー（P47）の起源であるバレンタイン司祭が取りもった恋人たちが、改めて永遠の愛を誓った日なのだそうです。バレンタインとつながる愛の由来があったのですね。

## 3月15日

# 春に長雨が続く、菜種梅雨《なたねづゆ》

菜の花が咲く、3月中旬ごろから4月上旬にかけて続く雨を菜種梅雨《なたねづゆ》といいます。続くといっても梅雨ほど長くはなく、4～6日程度が多く、地域も西日本や東日本の太平洋側にのみみられ、東北や北海道にはありません。

植物にとっては恵みの雨となり、菜の花や桜などの開花を促すことから「催花《さいか》雨《う》」とも呼ばれています。とても風流な呼び方ですね。

ちなみに、「春雨《はるさめ》」とも呼ばれますが、食べ物の春雨は、菜種梅雨の様子、細い雨が降り続く様子から名づけられたそうです。

## 3月16日 神様を迎える十六団子《じゅうろくだんご》の日

米作りを始める春、3月16日は山の神様を田んぼにお迎えし、豊穣祈願をする大切な日。十六団子《じゅうろくだんご》の日といわれ、16個のお団子をお供えします。杵と臼を使って餅をつく音で、山の神様に「里へ来てください」と合図を送るのだとか。

そして、お迎えする日があれば、お見送りする日もあり、お米の収穫が終わる11月16日も十六団子の日。お団子を供え神様に感謝を伝えます。

## 3月17日 先祖に感謝する彼岸の入り

春分の日を挟んだ前後3日間は春のお彼岸。「彼岸の入り」は春のお彼岸が始まる日です。お彼岸の最終日は「彼岸明け」といいます。お彼岸はお墓参りや法要を行う仏教行事。しかし、お彼岸にお墓参りをするのは日本だけの文化だとか。昔は春にその年の豊穣を願ってご先祖様や自然に感謝する習慣がありました。それがお彼岸と結びつき、お墓参りをするようになったようです。

## 3月18日

このころの七十二候に「菜虫化蝶《なむしちょうとなる》」とありますが、これはサナギが羽化し、美しいチョウとなり羽ばたくころを表します。

ヒラヒラと飛ぶモンシロチョウを目にすると春を感じる人も多いことでしょう。成虫が生きられるのは10日ほど。命をつなぐため、飛び回っているのは主にオスで、交尾に向けてメスの羽化を待っているそうです。

実はモンシロチョウは春に限らず、11月ごろまで見られます。モンシロチョウの一生は卵として生まれてから約2か月、1年間に6世代が入れ替わるそうです。

## チョウチョウが成虫になって飛ぶ季節

## 3月19日

## 白くて大きな花が咲くコブシ

早春、桜に先駆けてコブシが純白の花を咲かせます。枝にたくさんついた白い花が遠目で見ると桜に見えることと、ちょうど田打ち（田起こし）をするころに咲くことから、昔から「田打ち桜」とも呼ばれていました。

特に北国では農作業との関わりが強く、コブシは田の神様の依代《よりしろ》と考えられていました。「コブシの花が多いと豊作になる」などといわれていたそうです。

## 3月20日

## 自然や生物をいつくしむ春分《しゅんぶん》

太陽が真東から昇って真西に沈み、昼と夜の長さがほぼ等しくなる春分《しゅんぶん》。日本では「自然をたたえ、生物をいつくしむ日」とされ、国民の祝日になっています。この「春分の日」は、日本では3月20日か21日になることが多いのですが、日にちは国立天文台が算出した「暦象《れきしょう》年表」に基づき年ごとに決定されています。天文学により決められる国民の休日は、世界的にも珍しいそうです。

3月21日

# ケロケロ…と聞こえる初蛙《はつかわず》

冬眠から目覚めたカエルの鳴き声が聞こえ始める季節。その年最初に聞くカエルの声を「初蛙《はつかわず》」といい、昔から日本人にとっては春の音色として親しまれてきました。

カエルが春に鳴くのは、主にオスがメスを呼ぶため。またオスがメスの奪い合いをする様子の「蛙合戦《かわずがっせん》」は、俳句や歌にも多く詠まれています。

しかし、最近ではカエルの鳴き声を聞くことも少なくなりました。カエルは環境に敏感で、環境が悪化すると真っ先に消えてしまうといわれる生物。初蛙の音色は未来にも残していきたいものですね。

3月22日

## 生まれた地の神様を祀《まつ》る社日《しゃにち》

社日《しゃにち》とは雑節《ざっせつ》のひとつで、生まれた土地の神様、産土神《うぶすながみ》を祀《まつ》る日。

1年に2回あり、春分と秋分にもっとも近い戊《つちのえ》の日があてられます。ちょうど農作物の種まきと収穫の時期に重なるため、春の社日には豊穣を願い、秋の社日には収穫の感謝を表す、大切な節目の日として受け継がれてきました。産土神はその土地に生まれた人を一生守るといいます。この機会に参拝してみましょう。

3月23日

## 桜の開花はいつ？

3月下旬、南の地域から徐々に開花し始める桜。自分の地域はまだかと桜の開花が気になる時期ですね。

桜の開花宣言に至るプロセスはとてもアナログ。気象庁が約100か所の気象台や測定所で、標本木としたソメイヨシノを毎日観測。5、6輪咲くと「開花！」と宣言されます。80%以上の花が咲けば「満開」。開花から満開までは約1週間。お花見を上手に計画したいですね。

3月24日

# 春雪に散った井伊《いい》直弼《なおすけ》

春になって降る雪を春雪といいます。

今から約１６０年前、１８６０年の３月24日も春雪が舞っていました。当時の暦では安政７年３月３日、桜田門外の変が起きた日です。

桜田門外の変とは、大老の井伊直弼《いいなおすけ》が暗殺された事件。井伊直弼は、昔は圧政をした強権政治家ととらえられがちでしたが、近年は日本を開国に導いた先進性が再評価されています。井伊直弼の警備をしていた武士たちは、刀に雪除けの袋をかぶせていたため、応戦に遅れ不利になったとも。季節外れの雪が運命を分けたのかもしれません。

3月25日

# 暖かい日差しとともにツバメが飛来

冬鳥が飛び立ったあと、暖かさとともにやってくるのが夏鳥。特になじみ深いのが東南アジアから渡ってくるツバメ。

ツバメは民家の軒先などに巣を作り、ヒナを育てます。最近では駅やビル、高架下のライトの上なども人気の物件だとか。子育てが成功すると、毎年同じ場所に帰ってくるため、来るのを楽しみに待っている人も多いのではないでしょうか。

ツバメはカラスなどの外敵から身を守るため、わざわざ人の住む場所に巣を作るそうです。

ツバメが巣を作る家は縁起がよく、病人が出ない、三度巣を作ればお金持ちになるなどといい伝えられています。

## 3月26日

# 葉がやわらかい春キャベツ

春から初夏に収穫される春キャベツ。冬キャベツとの違いは、丸くて、巻きがゆるめ、葉があざやかな黄緑色で水分が多くてやわらかく、えぐみが少ないこと。春キャベツは色もきれいで巻きやすいので、ロールキャベツがおすすめです。また、火の通りが早いので、炒め物の際には最後に加え、さっと炒めるのがポイント。キャベツの色とシャキシャキ感を活かしましょう。

## 3月27日

# 桜に親しむ、さくらの日

古くから日本人に愛されてきた桜ですが、過去に本数が激減した時期がありました。１９６４年の東京オリンピック開催時、急激な開発による環境汚染で衰弱したためです。そのとき桜の保存、育成、普及を目的に設立されたのが日本さくらの会。１９９２年には「さくらの日」を制定しました。３月27日ごろは七十二候の桜始開《さくらはじめてひらく》にあたります。３《さ》×９《く》＝27という語呂合わせもあったそうです。

3月28日

# 夜空をやさしく照らす朧月《おぼろづき》

春の夜空にぽっかり浮かぶ朧月《おぼろづき》。朧月とは霞《かすみ》などに遮られ、かすんで見える春の月のこと。春は不安定な天候や昼夜の気温差で空気中の湿度が高くなるため、靄《もや》がかかりやすくなります。また、最近では黄砂やＰＭ2.5も原因のひとつだとか。

朧月は古くから歌人を虜《とりこ》にしてきました。『新古今和歌集』に「照りもせずくもりもはてぬ 春の夜の 朧月夜に しくものぞなき」と詠まれ、「照るわけでも曇るでもない春の夜の朧月、これにかなうものなどない」という意味です。今も昔も月の美しさは変わらないのでしょう。

3月29日

# 桜の花びらが川面に広がる花筏《はないかだ》

咲いているときも散るときも美しい桜。散ったあとの花びらさえも、私たちを楽しませてくれます。

桜も終わりのころになると、川面一面に桜の花びらが浮き、流れている様子を見ることができます。まるで桜のじゅうたんのようですが、昔の人はこの情景を「筏《いかだ》」にたとえ、「花筏《はないかだ》」と表現しました。古くは室町時代から使われていた言葉のようで、現在でも俳句では春の季語になっています。

花筏を見送ると、新しい季節はもうすぐそこです。

**桜にまつわる言葉**

**桜月夜《さくらづきよ》**
桜の花が月夜に照り映える様子を表した言葉。春の季語。

**花冷《はなび》え**
桜が咲くころ、一時的に寒くなること、またその寒さのことを表す言葉。

**花嵐《はなあらし》**
桜の花が咲くころに吹く強い風のこと。また、桜の花が風にのって散るさま。

**花明《はなあ》かり**
夜、桜の花の白さであたりがぼんやりと明るく見えること。

3月30日

## 3月の伝統色「青丹《あおに》」

落ち着いた黄緑色の青丹《あおに》（P3）は、孔《く》雀石《じゃくいし》を砕いた岩緑青《いわろくしょう》（日本画の顔料）の古名から。奈良が産地ということから、「青丹よし」は「奈良」にかかる枕詞《まくらことば》に。『万葉集』には「青丹よし 寧楽《なら》の京師《みやこ》は咲く花の 薫《にほ》ふがごとく 今盛りなり」と詠まれました。「青丹が美しい奈良の都は今、咲く花の匂うように真っ盛り」という意味です。奈良の見事な春の景色が表現されています。

3月31日

## 年度末、1年の区切りの日

日本では官公庁をはじめ、学校も会社の多くも3月31日をひと区切りとし、4月から新年度が始まります。世界では珍しい4月スタート。明治初期には二転三転していましたが、稲作中心に回っていた日本では、米の収穫→現金化→納税という流れを考えると、会計上4月からがちょうどよかったようです。ちなみにアメリカでは10月、ヨーロッパでは1月を会計年度の始まりとすることが多いです。

# 4月

## 清明《せいめい》
↓P84

**玄鳥至**［つばめきたる］◎4～8日ごろ
ツバメが南からやってくるころ。

**鴻雁北**［こうがんかえる］◎9～13日ごろ
暖かくなり、ガンが北へ帰っていくころ。

**虹始見**［にじはじめてあらわる］◎14～18日ごろ
雨上がりに虹が見られるころ。

## 穀雨《こくう》
↓P96

**葭始生**［あしはじめてしょうず］◎19～24日ごろ
水辺のアシが芽を吹き始めるころ。

**霜止出苗**［しもやみてなえいずる］◎25～29日ごろ
霜が終わり稲の苗がすくすくと育つころ。

**牡丹華**［ぼたんはなさく］◎30～5月4日ごろ
ボタンの花が咲き始めるころ。

## 4月1日

# 野山に顔を出すワラビを発見

暖かくなると野山で見られるワラビ。若芽はおひたしや天ぷらで食べたい春の味覚です。また、ワラビの根からは良質なデンプンが取れます。つるんとしたのどごしが人気の「わらび餅」の原料ですが、ワラビのデンプンは精製に手間がかかり高級なため、イモなどのデンプンを混ぜたものが「わらび餅粉」として販売されています。わらび粉のみで作った餅は黒に近い色をしているそうです。

## 4月2日

# ほっくほく！新ジャガ

新ジャガとは、収穫したあと、長く貯蔵せずに出荷するジャガイモのことです。何か月までのものを新ジャガイモというか、明確な定義はありません。したがって、地域によって旬に違いがあり、4月には関東周辺に新ジャガイモが出回ります。

皮ごと食べられるので、フライにしたりジャガバタにしたり、ジャーマンポテトもおすすめです。

4月3日

## 花見団子はなぜ3色？

花見団子といえば、ピンク、白、緑の団子を串に刺した三色団子です。この団子の由来には諸説ありますが、ひとつには春の喜びを表しているという説があります。白い雪の下に緑の新芽、雪の上にはピンクの花が咲き始めた様子を表しているとか。また、ピンクのつぼみ、白い桜、散ったあとの緑の葉という説も。さらに、紅白や緑には邪気祓《ばら》いの意味があり、縁起のいい色という説もあります。

まだ肌寒い季節、お花見に出かける際は、温かいお茶をポットにつめていくのを忘れないでくださいね。

# 4月4日

# キラキラ光り輝く季節 二十四節気「清明《せいめい》」

二十四節気「清《せい》明《めい》」とは、万物が清らかでいきいきとした様子を表す「清《せい》浄明潔《じょうめいけつ》」という言葉を略したもの。晩春を表す季語のひとつです。一歩外に出ると、ぽかぽか陽気に包まれて草木が芽生え、花が咲き、鳥やチョウが舞い、キラキラと光り輝いているようでこの季節にぴったりの言葉です。

この時期、東南から吹いてくる心地よい風を清明風といいます。冷たく厳しい北風の季節が終わり、本格的な春の訪れを教えてくれる風です。この風が吹くころ、桜が咲き、南からはツバメが日本へやってきます。

＊清明は例年、4月4日、5日ごろとなります。

4月5日

# 季語「山笑う」とは のどかで明るい春山

萌え出した木々の若葉に陽光が輝く、明るくのどかな山。季語「山笑う」の山のイメージです。

中国の山水画家が言った「春山淡冶《たんや》にして笑うが如《ごと》く」が「山笑う」の由来だそうです。正岡子規はこの季語を用いて「故郷やどちらを見ても山笑う」と詠みました。

山を主語とした季語はほかの季節にもあります。濃い緑とみずみずしさ、夏の季語は「山滴《やましたた》る」です。秋はあざやかに色づいた山を「山《やま》粧《よそお》う」と表現しました。そして生き物も静まり返っているかのような冬の山を「山眠る」といいます。

4月6日

# 4月の時候のあいさつ春本番、新年度の始まり

4月は旧暦の「弥生《やよい》」に相当し、「いやおい」とも読み、「草木がいよいよ生い茂る」という意味です。桜の花が咲く「花見月」、春を惜しむ「春惜月《はるおしみづき》」ともいいます。晩春を迎え、さまざまな花が咲きみだれ、行楽を楽しみたい時期です。

**4月の時候のあいさつ例**

**書き出し**

- 桜花の候 ● 陽春の候 ● 春爛漫の候
- ○○の花が咲いているのを見かけました
- 花々が咲きほこり、過ごしやすくなってきました
- 春風が心地よく、心華やぐころになりました
- お花見の好季節となりました
- 桜の便りが次々と舞いこむ今日このごろ
- 花の盛りも過ぎて、葉桜の季節を迎えました
- 若葉があざやかに萌え立つ今日このごろ

**結び**

- 花冷えのころ、体調をくずされませんように
- お花見によい季節になりました。ぜひご家族でお越しください
- 新しいスタート、ご活躍を心よりお祈りいたします
- 新年度を迎え、何かとお忙しいことでしょうが、どうぞご無理なさらずご自愛ください
- 新たな環境で何かと大変でしょうが、お体を大切になさってください
- お花見や歓迎会など催しが多い季節です。楽しい春をお過ごしください

4月の便りには、健康や安否を問う言葉のほか、新年度を迎え、入学や就職など、相手の環境や心境に配慮した言葉を表現するとよいでしょう。

4月7日

# 豊作や平和を願う春祭り

全国の神社で春祭りが開かれます。1年の農耕の無事や豊作、平和を祈念するのが祈年祭《きねんさい》。「としごいのまつり」ともいいます。豊作祈願のなかでも代表的なのは、田植祭《たうえまつり》で実際に田植えを行うもの。所作のみを奉納する場合と、本物の田んぼで稲の苗を植える場合があります。千葉の香取神宮や三重の伊雑宮《いざわのみや》などで行われています。

また、疫病が流行しないよう鎮花祭《ちんかさい》を行う神社もあり、こちらは「はなしずめのまつり」ともいいます。奈良の大神《おおみわ》神社の鎮花祭や京都の今宮《いまみや》神社のやすらい祭《まつり》などが有名です。

# 4月8日

# お釈迦様の誕生をお祝いする花祭り

4月8日はお釈迦様の誕生日。お釈迦様は紀元前5世紀前後の北インドで生まれ、仏教を開いた人物です。そして、各地の寺院でお釈迦様の生誕を祝って行われるのが花祭り。灌仏会《かんぶつえ》、仏生《ぶっしょう》会《え》、降誕会《ごうたんえ》などの呼び名もありますが、花で飾られた花御堂《はなみどう》を作ってお祝いする習わしから花祭りと呼ばれるのが一般的です。

花祭りでは、お釈迦様の像に甘茶をかけてお祝いします。これはお釈迦様が生まれたときに九頭の龍が現れて頭から香湯を注いだという言い伝えからきています。そして、

振る舞われた甘茶を飲むと無病息災のご利益があるとされています。

## 4月9日

# アネモネの花言葉は「はかない恋」

白、赤、青、紫、ピンク、春に咲くアネモネには多くの色があります。ヨーロッパ、特に地中海沿岸地方を中心に古くから栽培され、世界中に広がりました。

そんな華やかなイメージとは裏腹にアネモネには悲しい伝説があります。嫉妬に狂った姉の女神のために妹の女神アネモネが花に変えられてしまったという伝説、また、恋した人が死んでしまったときの女神の涙がアネモネの花になったという伝説も。そのせいか、花言葉は「はかない恋」「恋の苦しみ」、また「見捨てられる」「見放される」など切ない言葉ばかりです。

**春の花々**

桜、菜の花、チューリップ（P90）、タンポポ、ハナミズキ（P101）、コブシ（P72）、ツツジ、コチョウラン、ジンチョウゲ、スズラン、カトレア、クレマチス、ゼラニウム、藤（P98）、ボタン、シャクヤク、カタクリ（P115）、バラ（P112）など

## 4月10日

# 江戸っ子の大好物、初ガツオ

旬の走りの初ガツオは高価ですが、おいしいものに目がない江戸っ子にとって、値段が安くなるまで待つのは野暮というもの。江戸時代、「初ガツオは女房子どもを質に入れても食え」といわれるほどの人気でした。ちなみに、カツオの刺身は辛子醤油で食べていたそうです。

「初物七十五日」とは、初物を食べると寿命が75日延びるという意味。こんないい伝えも人気に拍車をかけました。

## 4月11日

# 色とりどり、チューリップ

春を代表する花のひとつ、チューリップ。色や形、大きさなど品種改良が盛んで、１９９６年発刊の国際リストですでに５６００品種もあったそうです。日本では、4月中旬ごろから早生《わせ》に分類されるグループが咲き始めます。

ところで、チューリップといえばオランダを思い浮かべますが、原産国は意外にもトルコ。日本には江戸時代に入ってきたそうです。

4月12日

# キリスト教にとって大切な日 復活祭、イースター

イエス・キリストは十字架にかけられて処刑されましたが、その3日後に復活したとされています。その復活を祝うのがキリスト教のイースター。日本語では

復活祭といいます。

イースターの飾りつけといえば卵とウサギ。キリスト教では卵は生命のシンボル、子だくさんのウサギは豊穣や繁栄の象徴です。

固ゆでした卵をペイントしたものやおもちゃの卵を家のなかや庭に隠して探す遊びがエッグハント。スプーンに乗せて落とさないように運ぶのがエッグレース。子どもたちも楽しめるイベントです。

＊イースターの日は、春分の日のあと、最初に迎える満月の次の日曜日です。

4月13日

# 春の大曲線と春の大三角形を探そう

春の夜空には、おおぐま座、うしかい座、おとめ座、しし座といった星座が浮かび上がります。それらを見つける目印となるのが「春の大曲線」と「春の大三角形」といわれる星たちです。

まず探すべきは北斗七星。柄杓《ひしゃく》の柄を延ばすようにカーブを描いていくと、オレンジ色のアルクトゥールスがあります。さらに延ばすとスピカがあります。これが「春の大曲線」です。

大曲線を円弧に見立てると円の中心あたりにデネボラという星があります。これとアルクトゥールス、スピカをつないだ三角が「春の大三角形」です。

## 4月14日 北海道のニシン曇りって？

ニシンはそのほとんどが北海道で水揚げされています。春、産卵のために接岸するので捕れやすくなりますが、曇った日のほうがよく捕れるそうです。春先の雲の切れ間がなくどんよりと曇ったさまをニシン曇りといいます。

北海道のニシン漁はかつてとても栄え、ニシン長者がニシン御殿を建てました。現在では水揚げ量が減り、捕獲制限を設けたり、稚魚を放流したりしています。

## 4月15日 『枕草子』冒頭、春はあけぼの

「春はあけぼの。やうやう白くなりゆく山際、少し明かりて、紫だちたる雲の細くたなびきたる」

清少納言『枕草子』の冒頭です。あけぼのとは、夜がほのぼのと明けようとするころ。春はこの時間がよいといっています。ちなみに、「夏は夜、秋は夕暮れ、冬はつとめて」と続きます。「つとめて」は早朝という意味。『枕草子』は当時の様子をみずみずしく描いた随筆です。

4月16日

## 木の芽を添えれば春らしく

木の芽は春の和食メニューに欠かせない薬味。山椒の若芽を摘んだもので、1枚添えるだけで香りが立ち、ぐっと春らしい食卓になります。タケノコやフキの煮物、おすまし、西京焼き、田楽《でんがく》などに添えるといいですね。

より香りを楽しみたいときは包丁で刻んで料理に混ぜ込みます。さらに、すり鉢ですり、白味噌と砂糖、酒などの調味料とあえれば、木の芽味噌ができます。

4月17日

## 冬の忘れ物、遅霜《おそじも》

すっかり春の気分でいるころにやってくる遅霜《おそじも》。この時期に急に冷えて霜がおりることを遅霜、または晩霜《ばんそう》といいます。

この遅霜、農作物にとってはやっかいもの。せっかくの新芽がダメージを受けるからです。翌朝の予想最低気温が3℃以下の場合は遅霜注意。農家では対策に走ります。特にお茶の新芽にとっては大敵。茶畑では防霜《ぼうそう》ファンを回して空気を拡散し、霜がおりるのを防ぐそうです。

## 4月18日

「海老《えび》で鯛を釣る」といえば、粗末なものを使って高級なものを手に入れるという意味のことわざです。なかでも真鯛は鯛の王様。今では養殖が盛んとなったため比較的気軽に食べられるようになりましたが、昔から高級魚として知られ、「目《め》出《で》度《た》い」にかけてお祝いの席や神事には欠かせない食材でした。

刺身のほか、焼いても煮てもおいしく食べられます。クセがなく熱を通しても固くならないのでいろいろな料理にアレンジできるのです。タンパク質が多く栄養面でも申し分なし。鮮度も落ちにくい貴重な魚です。

# お祝いの席に欠かせない高級魚、真鯛

4月の旬の食材

**魚介類**

アサリ（P97）、桜エビ、初ガツオ（P90）、アジ、ホタルイカ、シラス

**野菜・果物類**

新ジャガイモ（P82）、新ゴボウ、グリーンアスパラガス（P96）、グリーンピース、ウド、ワラビ（P82）、タラの芽、木の芽（P94）、明日葉、マンゴー

4月19日

## 農作物を潤す「穀雨《こくう》」

「穀雨《こくう》」は二十四節気のひとつであり、この時期に降る雨のことも表します。あらゆる穀物を育てる雨として「百穀春《ひゃっこくはる》雨《さめ》」とも呼ばれています。農家は穀雨の前に田植えや種まきなどを終え、お日様と雨の恵みを受けながら苗や芽が育つのを見守ります。

ちなみに中国ではこの時期に見ごろを迎えるボタンの花がとても人気。別名は「穀雨花」というそうです。

4月20日

## 鮮度が命、アスパラガス

少なめの湯に塩を入れ、さっとゆでて食べると、香りと甘味が際立つ旬のグリーンアスパラガス。日本では1970年代ごろから食べられるようになった、比較的新しい野菜です。

とにかくアスパラガスは鮮度が命。食べるその日に買い求め、すぐに調理しましょう。太くまっすぐで、穂先が締まり、あざやかな緑色をしたものがおいしいアスパラガスです。

＊穀雨は例年、4月19日、20日ごろとなります。

4月21日

# 潮干狩りシーズン到来！夕飯はアサリづくしで

春から初夏にかけての風物詩、潮干狩り。春と秋は干満差が大きくなり、特に春は昼間に潮が引き大きな干潟が現れるため、潮干狩りに最適なのです。

ここで簡単なアサリの塩抜きの方法をご紹介。

1 貝どうしをこすり合わせ、よく洗う。

2 バットなどの容器になるべく重ならないようアサリを入れる。

3 海水、もしくは塩分3％の塩水を作り、アサリが少し水面から出るくらいの量を入れる。

4 新聞紙などをかぶせて暗くし、2〜3時間おいて再度よく洗う。

4月22日

# 『万葉集』にも詠われた日本古来の藤の花

藤は日本古来の花木。香りが強く、雨を連想させるような美しい形。紫色も好まれ、高貴な花として平安時代から天皇や貴族に愛されてきました。紫式部の紫も、藤の花の色にちなんでつけられたといわれています。

藤は人々を魅了し続け、江戸時代にも、「藤の実は俳諧にせん花の跡（松尾芭蕉）」、「月に遠くおぼゆる藤の色香か（与謝蕪村）」など多くの文学に登場しています。

周辺の樹木に巻きつきながらたくましく生長するため、生命力の強さの象徴としても讃えられます。

## 4月23日 嵐にも注意！ 春疾風《はるはやて》

春といえばのどかな風景を思い浮かべますが、ひとたび風が吹くと、大荒れすることがあります。春の烈風のことを春《はる》疾風《はやて》といい、嵐のような暴風になることも。特に関東に多いそうです。

予報で強風と出たら、プランターや洗濯竿など風で飛びそうなものに注意しましょう。洗濯物は室内に干し、自転車なども外に出しっぱなしにしないで玄関内に入れるのがおすすめです。

## 4月24日 4月の伝統色「菫色《すみれいろ》」

スミレの花のような青紫色（P3）。上品な雰囲気をもつスミレは古くから文学作品に登場。『万葉集』では「菫《すみれ》摘み」が詠まれ、親しまれていたことがうかがえます。のちに与謝野晶子などの浪漫主義の文学者は、星やスミレに寄せて恋などを詠い、「星菫派《せいきんは》」と呼ばれました。

菫色は明治時代にも女性に人気でした。英名の「ヴァイオレット」がハイカラな響きだったためだとか。

4月25日

# カジュアルにも楽しめる屋外のお茶会、野点《のだて》

緑あふれる屋外に緋毛氈《ひもうせん》を敷き、赤い傘を立てて行われる野点《のだて》。茶道では千利休の昔から行われてきた屋外での茶会のことです。茶室より作法も簡略化されピクニック気分で開かれることから、最近では都会の公園やショッピングモールなどのイベントで取り入れられることもあります。

実際に茶道を楽しむ人にとっては、道具をかわいらしくまとめることも野点の魅力のひとつだそうです。

4月26日

# 桜のお返しにやってきたハナミズキ

日本でも街路樹としてよく見かけるハナミズキですが、アメリカではよりポピュラーで、州花としているところもあります。今から100年以上前、日本がワシントンDCに桜を贈った際、そのお返しとしてハナミズキ60本が寄贈されました。この原木贈呈によって、日本にハナミズキが広がったわけです。

ちなみに、キリストがかけられた十字架はハナミズキの木で作られたという説があるそうです。真実はわかりませんが、とても硬い木として知られ、日本でも串などの原料になります。「私の思いを受けとめて」という花言葉があります。

4月27日

# 富士山の山肌に現れる真っ白な農鳥《のうとり》

富士山の農鳥《のうとり》。鳥といっても本物の鳥ではありません。富士山の北西の斜面、7～8合目付近にある鳥のような形をした大きなくぼみのことです。この時期、周囲の雪が溶け始めて山肌が見えると、このくぼみの部分にだけ雪が残って鳥のように見えるのです。

地元の人たちには昔からなじみの深いもので、農作業開始の目安とされてきました。降雪量や強風などによっても現れる時期に違いがあるので、それによってその年の天候を占ったりもしたそうです。

## 4月28日

# ヨモギで作る草餅は縁起物

草餅は餅に草を練り込んだ和菓子。草の香りには邪気を祓《はら》う力があるとされ、平安時代から食べられてきました。一般的にはヨモギの葉を練り込みますが、古くは春の七草のゴギョウを用いていたそうです。

最近はヨモギが生えているような場所も減りましたが、草餅用の乾燥ヨモギを使えば、昔ながらの手作り草餅が手軽に作れます。

## 4月29日

# 待ち遠しい！大型連休

この時期の連休のことをゴールデンウィークといいますが、誰がネーミングしたのでしょう。

日本映画界がこの時期に映画を観てもらおうと名前をつけ仕掛けたという説が有力ですが、このほか、ラジオの聴取率の高い期間であった黄金週間からきているなどの説があります。

ちなみにNHKはゴールデンウィークとは放送せず、大型連休と呼んでいます。

4月30日

# 4月の伝統色「牡丹色《ぼたんいろ》」

牡丹色《ぼたんいろ》はボタンの花のような紫がかったあざやかな赤色（P3）。化学染料が発展した明治時代、この美しい牡丹色は女性にとても人気が高かったといいます。

ボタンは奈良時代に中国から日本に伝わり、観賞されてきました。『枕草子』や『栄花物語』などにも記されています。別名、「富貴花《ふうきか》」「花王」「花神」とも呼ばれ、中国では縁起のよい花とされてきました。

そして豪華な花は、着物や漆器の文様などにも用いられ、多くの人々に愛されています。

# 5月

## 立《りっ》夏《か》

↓P107

**蛙始鳴**［かわずはじめてなく］◎5〜9日ごろ

カエルが目覚め、鳴き始めるころ。

**蚯蚓出**［みみずいずる］◎10〜14日ごろ

ミミズが土のなかから出てくるころ。

**竹笋生**［たけのこしょうず］◎15〜19日ごろ

タケノコがひょっこり顔を出すころ。

## 小《しょう》満《まん》

↓P121

**蚕起食桑**［かいこおきてくわをはむ］◎20〜25日ごろ

カイコが桑の葉をたくさん食べて成長するころ。

**紅花栄**［べにばなさかう］◎26〜30日ごろ

ベニバナが盛んに咲くころ。

**麦秋至**［むぎのときいたる］◎31〜6月4日ごろ

麦が熟し、黄金色の穂をつけるころ。

5月1日

# 「夏も近づく八十八夜」の八十八夜って何？

「夏も近づく八十八夜」は童謡「茶摘み」の一節。八十八夜は立春《りっしゅん》の2月4日ごろから数えて88日目にあたる日のこと。

この日は農家の人々にとって特別な日。霜による田畑の被害もなくなる夏の始まりで、そろそろ田植えを始めようというとき。

一方で、「八十八夜の忘れ霜」という言葉も。油断していると霜がおりるかもしれないので気をつけてという意味です。

そして、茶畑では農家総出で茶摘みが行われます。お日様の光をたっぷり浴びた新芽は「長寿のお茶」といわれ、ほのかに甘い縁起物とされています。

**お茶の産地**

**静岡県**
明治維新のころから、言わずと知れた日本一のお茶の産地。全国の約4割を生産。

**鹿児島県**
全国2位の生産量を誇る。平地が多いため機械化が進んでいる。

**三重県**
伊勢茶で知られ全国3位の生産量。県の北と南で味わいが違う。

**宮崎県**
機械化されている大規模な茶園と、伝統的な茶園が混在。

**京都府**
京都といえば宇治茶。高い品質の玉露などを生産。

## 5月2日

# 男児の誕生を知らせる鯉のぼり

鯉のぼりが掲げられるようになったのは江戸時代。神様に男の子の誕生を知らせる目印です。矢車がついているのは、カラカラと音を立てて神様に気づいてもらうため。

中国に古くから伝わる登竜門の伝説になぞらえ、「竜門の滝を登り切ると鯉が竜になるように、我が子も健康に育ち、将来は大きく出世してほしい」との願いを込めたというのが由来とされています。

## 5月3日

# さわやかな季節「立夏《りっか》」

二十四節気のひとつ、立夏《りっか》。夏の始まりの時期です。さわやかな五月晴れの空に鯉のぼりがゆうゆうと泳ぎ、1年のうちでもっとも過ごしやすい季節ではないでしょうか。

春先の冬眠から目覚めたカエルが元気に活動し始め、水辺や田んぼから鳴き声が聞こえてきます。日本でなじみのあるカエルはニホンアマガエル。思わずほほえんでしまう愛らしさです。

＊立夏は例年、5月5日、6日ごろとなります。

5月4日

# 柏餅やちまきで邪気を祓《はら》う

端午の節句には柏餅やちまきを食べます。柏餅は餅を柏の葉で包んだもの。新芽が出るまで古い葉を落とさない（絶やさない）柏は子孫繁栄の縁起物とされています。

ちまきは中国の故事から。5月5日は詩人、屈原《くつげん》の命日で、川に供養のための餅を流しました。その際、川に潜む蛟《こう》龍《りゅう》に餅を盗まれないように葉で包んだとされています。

日本に伝わって、平安時代に神聖とされる茅《ちがや》の葉で巻いことから、ちまきに。現在では茅の代わりにササの葉が使われるようになりました。

# 端午の節句は菖蒲湯《しょうぶゆ》に入って健康祈願

5月5日

中国では、5月5日に邪気を祓《はら》い健康を願う風習として、薬草の菖蒲《しょうぶ》を軒下に飾ったり、菖蒲酒にして飲んだり、菖蒲湯につかったりしていました。

その風習が日本に伝わったのが端午の節句。菖蒲が、武道や武勇を重んじる意味の尚武と同じ音であることもあり、武家の男児が健康に育つようにとお祝いする行事になりました。

今はすべての男の子の成長を祝って、兜《かぶと》や鯉のぼりを飾ります。本来の意味に立ち返り、忘れずに菖蒲湯にも入りたいものですね。

# 5月6日

5月は旧暦の「卯月《うづき》」に相当し、真っ白なウツギ（卯）の花が咲く月を意味しています。清らかに和する「清和月《せいわづき》」という素敵ないい方もあります。ちょうどバラが咲き始め、いい香りが漂うころです。また「夏初月《なつはづき》」ともいい、うっすらと汗ばむような陽気に恵まれます。

**5月の時候のあいさつ例**

**書き出し**

- 初夏の候 ● 若葉の候 ● 薫風の候 ● 向暑の候
- さわやかな5月の風が心地よく感じられます
- 新緑が目にまぶしいこのごろ
- 清々しい陽気が続いています
- バラの花が薫る季節となりました
- ゴールデンウィークは楽しく過ごされましたか
- 気温も上がり、汗ばむ陽気となってきました

## 5月の時候のあいさつ 過ごしやすい季節の便り

**結び**

- さわやかな季節、いつもにも増してご活躍をお祈りしております
- 新緑の季節、どうぞ満喫なさってください
- 若葉の季節、穏やかな気持ちでお過ごしください
- さわやかな風に誘われて、出かけたくなる季節、どうぞ楽しい日々をお過ごしください
- 風薫るさわやかな季節、どうぞ健やかにお過ごしください
- 季節の変わり目、体調をくずされませんようお気をつけください
- 連休疲れを残しませぬよう、健康にはくれぐれもご留意ください

便りでも、新緑や咲いている花、心地よい気候にふれるとよいでしょう。

また、ゴールデンウィークや端午の節句、母の日などがありますから、楽しく、健やかに過ごしてもらうことを願うような表現を心がけましょう。

## 5月7日　江戸っ子が愛した「目に青葉」

「目に青葉　山ほととぎす　初鰹《はつがつお》」江戸時代の俳人、山口素堂《そどう》が詠んだ句です。目にもあざやかな青葉、美しく鳴くほととぎす、縁起がよくておいしい初ガツオ。この時期に江戸の人々がもっとも好んだものを3つ並べています。視覚、聴覚、味覚…いきいきとした江戸っ子の暮らしが垣間見えるような句です。

ちなみに「目には青葉」と、字余りなのが本来の句だそうです。

## 5月8日　本当は違う？ 五月晴《さつきば》れ

五月晴《さつきば》れというと5月のさわやかな陽気と思う人も多いのではないでしょうか。新緑がまぶしく、暑くもなく寒くもなく湿気もなく、過ごしやすい晴れた日。

ところがこれは本来の意味ではなく、旧暦の5月は梅雨のころで、五月晴れというのは梅雨の合間の晴天の意味だったそうです。最初は誤用だったものが徐々に定着していくのは珍しくなく、今では辞書に両方の意味が掲載されています。

5月9日

## 色あせないバラの美しさ

バラは世界でも有名な花のひとつ。自分で育てて花を咲かせる植物として、誕生日などの花束として、またさまざまなアートのモチーフとしてバラは愛されています。

古くから交配によって多くの品種が生み出されていて、その数は4万種以上ともいわれています。

立ち木性のものやツル性のもの、半ツル性のものもあります。

この季節はバラの花が見ごろを迎え、切り花をいただくことも多いかもしれません。水をいつも清潔に保ち、毎日少しずつ切り戻していくと、花のもちがよく長く楽しむことができます。

5月10日

## 母の日には なぜカーネーション？

母の日はアメリカで始まった行事です。南北戦争時代、負傷兵のケアを行っていたアン・ジャービスという女性が、敵味方問わず負傷兵の衛生状態を改善するための「マザーズデー・ワーク・クラブ」を立ち上げました。彼女が亡くなった2年後の1907年、娘のアンナが母の追悼集会を開き、母が好きだった白いカーネーションを配ったのが起源。1914年、アメリカ連邦議会により正式に母の日が制定されました。

日本でも母の日は教会から広まりました。赤いカーネーションには「母への愛」「母の愛」、白いカーネーションには「亡き母を偲ぶ」などの花言葉があります。

＊母の日は5月の第2日曜日です。

5月11日

鵜飼《うか》いとは、鵜という鳥を操って行う漁法のことです。起源がよくわからないほど古い時代から行われています。なかでも有名なのは長良川《ながらがわ》の鵜飼い。今の岐阜県、かつての美濃国《みののくに》で7世紀ごろから行われ、室町時代にはすでに将軍などが観覧していた記録が残っています。

自分が鵜飼いを観覧するだけでなく、客人へのおもてなしとして活用したのが織田信長。船に乗って鵜飼い観覧を楽しみ、捕れた鮎《あゆ》の品定めをしました。

毎年5月11日、長良川では鵜飼い開きのイベントがにぎやかに開かれます。

# 1300年以上の歴史！長良川《ながらがわ》の鵜飼《うか》い開き

## 5月12日

# ひょっこり顔を出すタケノコ

このころ、タケノコが土からひょっこり顔を出します。伸び過ぎないうちに収穫しなければおいしいタケノコは味わえません。

さらに、収穫したあとも時間がたつにつれどんどんアクが強くなっていくので、入手したら、早く下ゆでを。煮物やタケノコご飯が定番ですが、掘り起こした直後なら、そのままスライスして刺身で食べるのも春ならではの味わいです。

## 5月13日

# 薄紫色が美しいカタクリの花

カタクリは山地に育つ植物。九州から北海道まで幅広く分布する、春の訪れを告げる花です。早いところでは3月、遅いところでは6月ごろまでが見ごろ。低山のくぼみなど、ひっそりとした場所に薄紫色の花が一面に咲くさまは圧巻です。

ところで、料理で使う片栗粉は、本来このカタクリの根から採れるデンプンのことでした。現在は馬鈴薯《ばれいしょ》のデンプンがそれに取って代わっています。

5月14日

# 勇壮な神《み》輿《こし》、浅草の三社祭

700年以上も続いている三社祭《さんじゃまつり》は、東京の浅草神社の例大祭です。

なんといっても有名なのは、勇壮な神《み》輿《こし》の儀式。町内神輿連合渡御《とぎょ》は、神社の境内に各町内の神輿約100基が勢ぞろいします。また、お囃子《はやし》屋台《やたい》や鳶頭《かしら》木遣《きや》りの大行列も見応えがあります。

ところで、神様の乗り物である神輿を激しく揺さぶるのはなぜでしょう。神様の霊を活性化させ、その威力を高めるという意味があるそうです。

## 5月15日

# 見所は優雅な行列、葵祭《あおいまつり》

京都の上賀茂《かみがも》神社、下鴨《しもがも》神社の例祭で、毎年この日に行われている葵祭《あおいまつり》。平安時代には行われていた、京都三大祭のひとつです。

クライマックスは路頭《ろとう》の儀。平安時代の装束を身にまとった人々や藤の花で彩られた牛車《ぎっしゃ》など、総勢500名から成る平安絵巻さながらの大行列が市中を練り歩きます。

葵祭と呼ばれるのは、葵を桂の枝に編んだ髪飾り「葵鬘《あおいかずら》」を飾ったことから。「葵鬘」は内裏寝殿《だいりしんでん》や勅使《ちょくし》、牛車に至るまですべてに飾ります。ちなみに毎年約1万枚の葵の葉を使うそうです。

5月16日

# 天ぷらがおいしい！ シロギス

シロギスとはこの時期に旬を迎える小さな魚。一般的には「キス」と呼ばれていますが、西日本で聞かれる「キスゴ」のほうが本来の呼び方だそうです。素直で飾り気がないという生直《きす》というのが語源。確かに見た目には飾り気はまったくありません。

ところが、これがなかなかの高級魚。江戸前の天ぷらのたねとして欠かせない存在です。江戸時代からぜいたく品で、お祝いの席やお見舞いの品としても重宝されました。

また釣人にも愛される魚でもあります。

5月の旬の食材

**魚介類**

イサキ、キビナゴ、メバル、シラエビ、シャコ、サザエ、ホヤ

**野菜・果物類**

タケノコ（P115）、コゴミ、青梅、ソラマメ（P122）、シソ、ラッキョウ（P125）、イチゴ（P128）

## 5月17日

# カッコウはずるい？ 賢い？

夏鳥として5月ごろに飛来してくるカッコウ。その個性的な鳴き声だけでなく、托卵《たくらん》をする鳥としても有名。托卵とはほかの鳥に自分のヒナを育てさせること。ほかの鳥の巣に自分の卵を産み、数合わせのため本来あった卵を持ち去ってしまうとか。なかなかの知能犯です。

ところで、「閑古鳥《かんこどり》が鳴く」という言葉の閑古鳥はカッコウのこと。確かに少し物寂しさを感じさせる鳴き声ですね。

## 5月18日

# 新緑の間を吹き抜ける薫風《くんぷう》

薫風《くんぷう》は夏の季語。初夏、新緑の間を穏やかに吹き抜ける風です。風薫《かぜかお》るともいいますが、薫るのは若葉や青葉の若々しい緑の匂いのことです。

禅語に「薫風自南来《くんぷうじなんらい》」という言葉がありますが、薫風は南から吹いてきます。禅語になると、身体的なさわやかさだけではなく、迷いを忘れさせてくれるような精神的なさわやかさも表していると解釈されます。

## 5月19日

# もうすぐ田植え、田水張る

田植えの前、田んぼに水を入れます。そのことを水を張るといいます。水路から田んぼに引き入れられた水は徐々に田んぼの隅々にまで行き渡ります。その後、代《しろ》掻《か》きといって土を混ぜて表面を平らにし、苗を植えるのです。

水が張ってあると、稲が育つのにさまざまなメリットが。たとえば雑草が生えにくくなるし、土壌の病害虫も棲みにくくなります。また、水のなかは意外と暖かいため冷害のリスクも低くなります。そして、田んぼの水はカエルやトンボの棲《すみか》にもなるのです。

5月20日

# 命が満ちていく「小満《しょうまん》」

このころから始まる二十四節気のひとつ「小満《しょうまん》」。いのちが次第に満ち満ちていく時期のことで、草木も花々も鳥も虫も人も日の光を浴びて輝く季節です。

農家では田植えの準備に追われ、「猫の手も借りたい」ほどの忙しさ。けれども、近所同士で助け合い、困ったときはお互い様の精神で乗り越えていく文化が日本には根づいています。

夏服の準備もこのころから始めるのがおすすめです。これからどんどん暑い日が増えていきます。エアコンなど、夏の家電チェックも忘れずに。

＊小満は例年、5月20日、21日ごろとなります。

## 5月21日

# 田植えは初夏の風物詩から春の風物詩へ

田植えといえば昔は初夏の風物詩。全国で梅雨のころ集中的に行われていたそうです。昭和20年代以降から品種改良などが進み、さらに温暖化も進み、田植えの時期が早まってきました。3月の九州を筆頭に5月の北海道まで、少しずつ時期をずらして行われます。

最近の田植えは機械化されていますが、手で植える伝統的な田植えも神事やファミリー向けのイベントで見ることができます。参加者は横一列に並び、ピンと張ったひもを目印にしながらまっすぐに苗を植えます。きれいに苗が並んだ様子は美しく、圧巻です。

## 5月22日

# ふくふくでおいしいソラマメ

ソラマメは全国で作られている作物。収穫時期は3～6月と長くなります。そのため、四月豆、五月豆、夏豆と、地域

によって呼称も変わってきます。

緑の色合いといい、みずみずしい味わいといい、初夏にぴったりの食べ物で、やはり定番の調理法といえば塩ゆで。おつまみとしてビールによく合います。また、本当に新鮮なものは生でもおいしいといわれています。

## 5月23日

# 小さな田んぼに映る田毎《たごと》の月

小さな田んぼが段々につながる棚田。その田んぼの水が鏡のように月を映し出し、こちらの田んぼから隣の田んぼへ、月が移りゆくさまを田毎《たごと》の月といいます。

見られるのは、田んぼに水を張ってから田植えをして、まだ苗が小さいころまでのほんの短い期間。しかも、満月前後の晴れた日となると、そんなに幾日もありません。もし見ることができたらとてもラッキーですね。

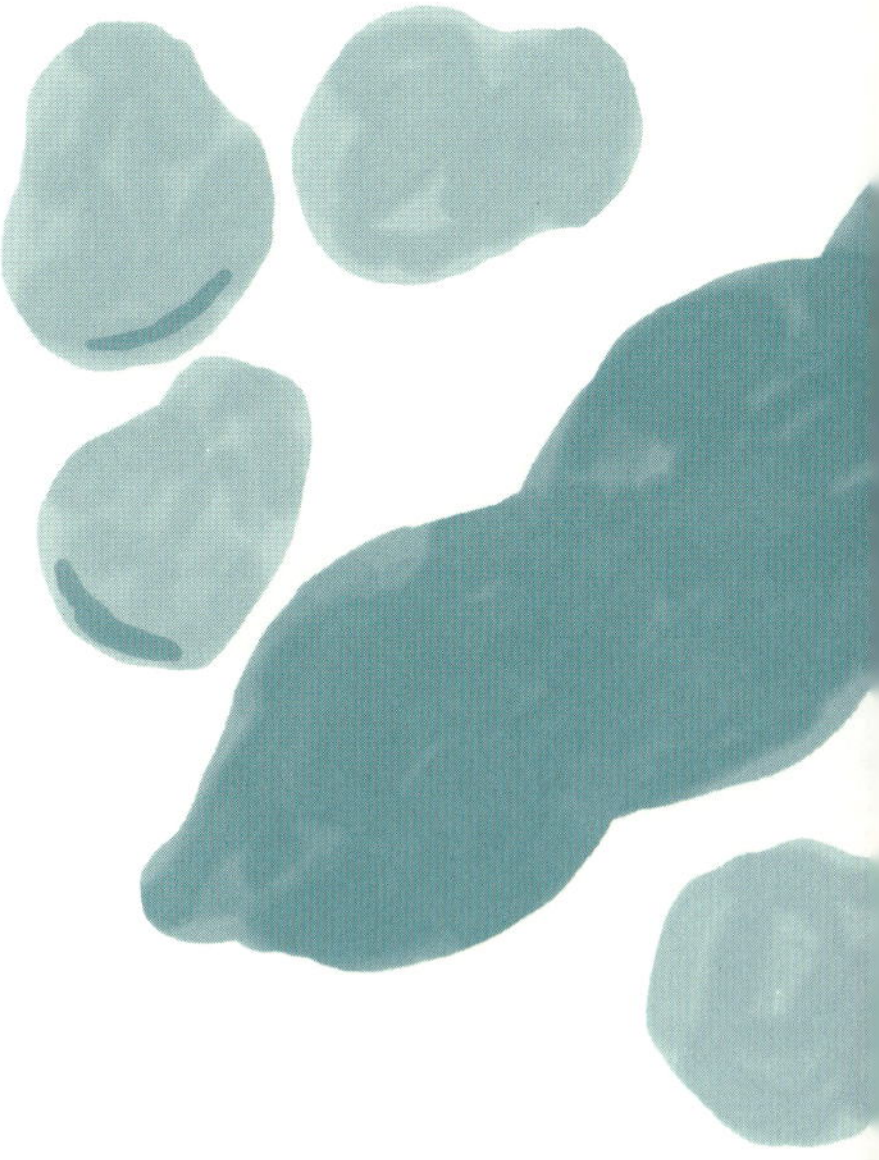

5月24日

## どこで鑑賞する？ ホタル前線、北上中！

気象庁では生物季節観測というものを行っています。有名なのは桜の観測。このデータがあるから、天気予報で「今年は例年より○日早く開花しました」などのコメントを発表できるのです。

ホタルの観測もそのうちのひとつ。データをとるのは、ゲンジボタルかヘイケボタルの成虫が発光しながら飛んでいるのを初めて見た日。桜前線と同じように徐々に北上します。5月下旬、四国や九州地方をきっかけに、北陸や東北地方では6月に入ってから観測されています。

5月25日

## 長野県が発祥!? 森林浴

森林浴とは樹木とふれ合い、癒やしを求めること。長野県の赤沢自然休養林がその発祥の地とされています。言葉としては、80年代に林野庁が提唱したもので、まだ数十年の歴史しかありません。

森林浴の楽しみ方は人それぞれ。ハイ

キングもピクニックも、植物園を見学するだけでも森林浴です。視覚だけなく、嗅覚や聴覚をフルに使い、樹木や葉にふれることも大切です。

## 5月26日 ラッキョウで疲れ知らず

ラッキョウは5、6月が旬の野菜です。あの匂いのもとはアリシンという成分で、疲労回復や滋養強壮に効果があり、また免疫力アップ、血行促進、食欲増進にもよいそうです。

ラッキョウ漬けはカレーライスのつけ合わせでおなじみですが、生のラッキョウは丸ごと天ぷらにしたり、焼いてもおいしいとか。自家製の甘酢漬けや醤油漬けにチャレンジしてもいいですね。

## 5月27日

# 5月の伝統色「躑躅《つつじ》色《いろ》」

赤、白、ピンクとさまざまな色があるツツジ。躑躅《つつじ》色《いろ》（P4）は紫がかったあざやかな赤色のツツジを指します。

ツツジは昔から多くの人に愛され、『万葉集』や『枕草子』などに出てきます。


躑躅色は衣の色目として人気があり、『枕草子』では春の女の子の薄手の上着や、冬の下襲《したがさね》によいなどと記されています。

襲《かさね》とは衣を重ねて着たときの色の取り合わせで、下襲は内着のことです。

## 5月28日

# デザインが秀逸、テントウムシ

昆虫たちが活発に動き出す季節。テントウムシも例外ではありません。

よく知られている背中に斑点が7つもあるナナホシテントウ、植物の病害菌を食べてくれるキイロテントウなど、さまざまな大きさ、色、種類のテントウムシがいます。

テントウムシのテントウとは、天道（太陽）のことで、空に向かって飛び立つ習性から名前がつきました。

5月29日

# 5月のハエは五月蝿《うるさ》い!?

うるさいという言葉の語源は「うるさし」。心を閉鎖するというような意味があります。

これに漢字を当てたのが「五月蝿《うるさ》い」。もともとは群れてブンブン飛んでいるハエのことを「五月蝿《さばえ》」と呼んでいました。これは旧暦の5月、現在の6~7月ごろによく見かけるハエのことです。この字を借りて、のちに五月蝿いという当て字にしたと考えられます。最初に五月蝿いという当て字を使ったのは、夏目漱石説、樋口一葉説がありますが、確かに「煩《うるさ》い」という字より文学的な表現に感じられますね。

「虫」という字を使った言葉・ことわざ

**虫の居所が悪い**
機嫌が悪い、少しのことでも気に障る。

**虫の知らせ**
よくないことが起こりそうだと感じること。

**本の虫・仕事の虫・金の虫など**
ひとつのことに熱中している人のこと。本ばかり読んでいる人が本の虫。

**蓼《たで》食う虫も好き好き**
人の好みはいろいろである。

**飛んで火に入《い》る夏の虫**
自分から進んで災いのなかに飛び込むこと。

**虫の息**
弱っている様子。弱々しい呼吸。

**虫がいい**
身勝手。自分の都合ばかり考えている。

5月30日

## 5月の伝統色「新橋色《しんばしいろ》」

明治時代になり海外から化学染料が入ってくると、それまでにはなかったあざやかな発色の色が生み出されました。明るい緑がかった青色をハイカラな色として着物にいち早く取り入れたのは、東京の新橋の芸者たち。新橋の芸者に好まれ、流行したことから新橋色《しんばしいろ》（P4）の名に。

新橋色は日本画家の鏑木清方《かぶらききよかた》や上村《うえむら》松園《しょうえん》などの美人画にも用いられています。ちなみに洋名はターコイズブルー。

5月31日

## イチゴの本当の時期はいつ？

イチゴといえばまだ寒い時期からスーパーや青果店の店頭に並びます。けれども、これはビニールハウス栽培のもの。露地栽培や家庭菜園では、3月ごろに花が咲き、5月中旬から6月上旬ごろに真っ赤な実を収穫できます。

おいしいイチゴを収穫するには、やわらかい土を使い、日当たり、風通しのいいところで育てること。お日様の光をたくさん浴びたイチゴは甘くなります。

# 6月

## 芒《ぼう》種《しゅ》 ↓P133

**蟷螂生**「かまきりしょうず」◎5～9日ごろ
卵からカマキリが生まれるころ。

**腐草為蛍**「くされたるくさほたるとなる」◎10～15日ごろ
腐った草の下から、蛍が光を放ち飛び交うころ。

**梅子黄**「うめのみきばむ」◎16～20日ごろ
梅の実が熟し、薄黄色に色づくころ。

## 夏《げ》至《し》 ↓P144

**乃東枯**「なつかれくさかるる」◎21～25日ごろ
ウツボグサが枯れていくころ。

**菖蒲華**「あやめはなさく」◎26～30日ごろ
アヤメの花が咲くころ。

**半夏生**「はんげしょうず」◎7月1～6日ごろ
カラスビシャク（半夏）が生えるころ。

6月1日

# 平安時代から行われていた衣替えの習慣

衣替えの起源は平安時代まで遡《さかのぼ》ります。中国の風習にならい、旧暦の4月1日と10月1日に宮中行事として夏装束と冬装束を切り替えていました。女房が持つ扇の素材も夏は紙と竹製、冬はヒノキ製と決められていたそうです。当時は衣替えではなく、更衣《こうい》と呼びました。

鎌倉時代には夏と冬で御簾《みす》や畳などの家具も替えるように。その名残が京都で行われている「しつらえ替え」です。江戸時代には年4回に制度化されますが、明治時代に新暦が採用されると公務員の制服の衣替えを6月1日と10月1日に制定。現在のスタイルになりました。

## 6月2日

## 初夏の風物詩、鮎《あゆ》釣りが解禁

地域や年により異なりますが、5月から7月にかけて鮎《あゆ》釣りの解禁日を迎えます。鮎は秋の終わりごろに川の下流で生まれ、孵化《ふか》すると海で育つ両側回遊魚《りょうそくかいゆうぎょ》。海で越冬した鮎は翌春に川に戻り、秋に産卵してわずか1年ほどの生涯を終えます。鮎が別名「年魚《ねんぎょ》」と呼ばれるのはそのため。またスイカやキュウリにたとえられるさわやかな香りから、夏の季語でもある「香魚《こうぎょ》」とも呼ばれています。

## 6月3日

## 「麦の秋」は麦が実る初夏のこと

別名、麦秋《ばくしゅう》とも呼ばれる麦の秋とは、麦の穂が実り、収穫期を迎えた6月ごろを指す夏の季語。秋のことではないのに秋という文字が入るのは、穀物が熟成する時期である秋になぞらえてのこと。麦が貴重な食料であった江戸時代の俳句には、生死や飢えなどをイメージした句が多く、「病人の駕《かご》も過ぎけり麦の秋（与謝蕪村）」「麦秋や子を追いながらいわし売り（小林一茶）」などがあります。

# 6月4日

## 幸せになれるってホント？ジューンブライドの由来

ヨーロッパに古くから伝わる「6月に結婚する花嫁は幸せになれる」というジューンブライドのいい伝え。その由来には諸説あり、有力なひとつがギリシャ神話の主神ゼウスの妻で結婚の女神ヘーラー（ヘラとも）が守護する月が6月であることからきたとの説。

また、かつてのヨーロッパでは農作業で忙しい3〜5月の結婚は禁じられており、そのため6月に結婚式を挙げる人が多かったからという説も。ちなみに日本に広まったのは50年ほど前で、ホテル業界が梅雨《つゆ》時期の挙式率をアップさせるために宣伝したといわれています。

## 6月5日

# 梅雨明けを心待ちにしながら種をまく季節「芒種《ぼうしゅ》」

夏至《げし》の前の二十四節気のひとつ、「芒《ぼう》種《しゅ》」。稲などの穂先にあるトゲのような突起のことをいう芒《のぎ》という言葉からきており、「穂の出る植物の種をまくのに適したころ」という意味です。

芒種の時期をさらに3つの季節に分けた七十二候では、6月5～9日ごろを蟷螂生《かまきりしょうず》、6月10～15日ごろを腐草《くされたるくさ》為蛍《ほたるとなる》、6月16～20日ごろを梅子黄《うめのみきばむ》と呼びます。つまりカマキリやホタルが姿を見せるころであり、梅の実が黄色に色づいていく時期。梅雨明けを楽しみに待つ、そんな季節といえるでしょう。

＊芒種は例年、6月5日、6日ごろとなります。

## 6月6日

# 稽古始めは世阿弥《ぜあみ》が起源？

6歳の6月6日は習い事を始める「稽古始め」に最適な日とされています。その由来のひとつが室町時代の能役者、能作者である世阿弥《ぜあみ》による書物『風姿花伝《ふうしかでん》』に、満6歳の年に習い事を始めるのがよいと記されていたから。さらに歌舞伎の語呂のいいセリフ「6歳の6月6日の～」が広まり、これにより6歳の6月6日に稽古始めをするのがよいとされるようになったとの説があります。

## 6月7日

# リコピンたっぷりのトマト

6～8月に旬を迎え、夏の季語でもあるトマト。とはいえ今では年中お店に並び、もっともおいしいのは春～初夏と晩秋といわれています。そんなトマトの赤い色に含まれるリコピンには強い抗酸化作用があります。このリコピンは油と一緒にとると吸収力がアップ。サラダで食べることも多いと思いますが、実は加熱するとより吸収率が高まるため、炒め物やラタトゥーユなどがおすすめです。

## 6月8日

# 6月の時候のあいさつ
# 梅《つ》雨《ゆ》の時期の便り

6月は旧暦の五月雨月《さみだれづき》で、梅雨入りを迎えます。空模様も不安定で寒い日があったり、晴れ間には蒸し暑くなったりする季節です。雨が続くと気持ちが沈むこともありますが、夏に向けて健やかに過ごせるよう、さわやかな便りを送ってみてはいかがでしょうか。

アジサイや水芭蕉、バラなどの絵を描いて添えると、相手の気持ちも晴れるかもしれません。また、父の日もありますから、感謝のメッセージと健康への気づかいを添えるときっと喜ばれるでしょう。

### 6月の時候のあいさつ例

**書き出し**

- 入梅《にゅうばい》の候 ●長雨の候 ●薄暑の候 ●初夏の候
- 天候不順の折、いかがお過ごしでしょうか
- 雨にアジサイの花が美しく映える季節となりました
- 梅雨明けの待たれるこのごろ、むしむしとした日が続いております
- 梅雨の晴れ間がうれしい今日このごろ
- 久しぶりの青空に夏の気配が感じられます
- 雨後の緑がいっそう濃く感じられるこのごろ

**結び**

- すっきりしない空模様が続いていますが、この時期を乗り越えましょう
- 梅雨寒の時節柄、体調をくずされませぬよう、お気をつけください
- 雨も大切な恵みですね。どうぞ心健やかにお過ごしください
- 梅雨明けまでもうしばらくかかりそうです。どうぞお体に気をつけてお過ごしください
- うっとうしい毎日ですが、くれぐれもご自愛ください
- 日増しに暑くなってきますが、元気に夏を迎えましょう

6月9日

## 6月の伝統色「杜若《かきつばた》色《いろ》」

あざやかな紫みの青色（Ｐ４）。５〜６月にかけて咲くカキツバタの花の色から。昔はカキツバタの花びらを布地に擦りつけて染めていたことから、「掻付花《かきつけはな》」と呼び、転じて「杜若《かきつばた》」という名に。「何《いず》れ菖蒲《あやめ》か杜若」という言葉がありますが、これは似ていて美しく区別がつきにくいことから、どちらも優れていて選ぶのに迷うというたとえです。

ちなみに、カキツバタは湿地に咲き、背丈が50〜70㎝、アヤメは畑地で咲き、背丈が30〜60㎝、ハナショウブは湿地でも畑地でも咲き、背丈が80〜100㎝です。（菖蒲色《あやめいろ》、菖蒲色《しょうぶいろ》はＰ４参照）

6月10日

# 暦の上の梅雨《つゆ》入りも指す「入梅《にゅうばい》」は雑節《ざっせつ》のひとつ

「入梅《にゅうばい》」は梅雨《つゆ》入りを意味することもありますが、もうひとつ、梅雨入りの季節を指す「雑節《ざっせつ》」でもあります。その定義は、「太陽黄経《こうけい》（太陽が通る黄道の座標）が80度のとき、または80度になる瞬間を含んだ日」とされ、芒種《ぼうしゅ》から数えて5日目ごろになります。

なぜ入梅という雑節が生まれたかというと、梅雨入りが田植えの日を決める基準であったためです。ちなみに天気予報で梅雨入りが宣言されますが、これに明確な基準はなく、雨や曇りの日が続くと判断したら発表されるのだそうです。

＊入梅は例年、6月10日、11日ごろとなります。

6月11日

# イカ漁解禁に合わせて出現 幻想的な漁火《いさりび》の光

漁火《いさりび》とは夜に漁船が灯す光のこと。
主にイカ釣り船で灯されますが、その幻想的な眺めから観光にも人気です。1灯約3kwの電球が船の大きさに合わせて数十個吊り下げられており、その明るさは相当なもの。宇宙から見るとまるでひとつの街のように見えるといいます。

北海道では例年6月からのスルメイカ漁の解禁に合わせて見られるようになり、12月ごろまで続きます。身が透き通った捕れたてのイカは最高のごちそう。冬にかけてイカの体はどんどん大きくなっていきますが、生で食べるなら身が薄く、やわらかな夏ごろがおすすめです。

6月12日

# サクランボの名は桜の子から

サクランボが実るのは実桜《みざくら》と呼ばれる果樹。日本に入ってきたのは明治時代で、セイヨウミザクラが北海道に移植されたのが始まり。

名前の由来は桜の子＝坊で、さくらのぼうが変化したと考えられています。桜がつける桃という意味から「桜桃《おうとう》」とも呼ばれています。

サクランボは鉄分含有量が高く、肌や目によいカロテンはリンゴや桃の約5倍。女性にとっては強い味方ですね。

6月13日

## 春の訪れを告げる水芭蕉 尾瀬では6月が見ごろ

尾瀬を歌った名曲「夏の思い出」でおなじみの水芭蕉。実は春を告げる花といわれています。ただし標高が1400m～と高く、気温の低い尾瀬での見ごろは遅く、例年雪解け直後の6月初旬ごろ。歌のタイトルが「夏の思い出」になった理由は、水芭蕉が俳句では夏の季語だからのようです。花言葉「美しい思い出」もこの曲からきているといわれています。

名前の由来は英語でジャパニーズ・バナナと呼ばれる芭蕉の葉に似ており、また水辺に生えることから。別名を牛（ベゴ、ベコ、ウシ）の舌というのも驚きです。

6月14日

## 祝日がない6月

実は6月に祝日ができるチャンスはありました。

それは2016年に制定された山の日。山開きは6月が多いので6月にしようという動きがあったのですが、まだ積雪が残る山があること、小中学校の授業時間を減らしたくないという意見もあり、山の日は8月になったのです。

## 6月15日

# 土壌により青やピンクに雨に濡れるアジサイ

雨に濡れる姿に風情があり、たくさんの品種で目を楽しませてくれるアジサイ。花の色は土壌のpH値で変わり、酸性なら青色に、中性・アルカリ性ならピンク色になるといわれています。これは酸性の土壌に含まれるアルミニウムがアジサイのアントシアニンと結合すると青色になるため。

ただし品種によっては色が変わらないこともあるようです。

6月16日

## ミョウガとショウガは兄弟？

旬は6～10月ですが、濃い緑色でさわやかな夏ミョウガとピンク色で濃厚な秋ミョウガでは見た目も味も異なります。ミョウガの名前の由来は諸説ありますが、有力なのは香りが強いショウガを兄香《せのか》、弱いミョウガを妹香《めのか》と呼び、それが転じたとされています。また食べ過ぎると物忘れしやすくなるとの俗説がありますが、これは迷信。反対に、香り成分に集中力を高める作用があるそうですよ。

6月17日

## アジ類でもっともおいしい高級魚、シマアジ

おいしさや希少性から高級魚とされるシマアジは、まさにアジの王様。わずかしか捕れない天然物はさらに高価で、最高級のものは1尾数万円することも。その名は幼魚のときにある黄色の横縞から

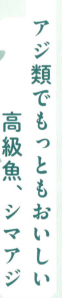

つけられたと考えられていますが、伊豆諸島などの島で捕れたことからとの説もあります。

旬は産卵期を控えた6〜8月にかけてで、脂がのって味がよくなるのはもちろん、価格も手ごろになるので狙い目。大型のものより小〜中型がおいしいといわれています。

## 6月18日

# 「梅雨寒《つゆざむ》」の原因は山背《やませ》

桜の咲いているころの寒さを「花冷え」と表現しますが、梅雨《つゆ》の間に訪れる季節外れの寒さは「梅雨寒《つゆざむ》」「梅雨冷え」「梅雨寒し」などと呼ばれます。寒さの原因は冷たい空気をもったオホーツク海高気圧から吹く北東風が流れ込んでくるため。この冷たい風は山背《やませ》とも呼ばれ、長く続くと農作物に被害が出ることもあります。また風邪をひきやすくなるので体調管理には気をつけましょう。

6月の旬の食材

**魚介類**

スルメイカ（Ｐ１３８）、カンパチ（Ｐ１４９）、スズキ、アイナメ、鮎《あゆ》（Ｐ１３１）

**野菜・果物類**

トマト（Ｐ１３４）、新ショウガ（Ｐ１４４）、ミョウガ（Ｐ１４２）、梅（Ｐ１４８）、ジュンサイ、夏ミカン（Ｐ１４７）、ビワ、サクランボ（Ｐ１３９）

## 6月19日

# 新ショウガの甘酢漬けを

初夏になると出回る新ショウガ。夏に出回るのは新ショウガ用としてハウス栽培され、収穫されたもの。

夏に向けて新ショウガの甘酢漬けがおすすめです。この時期は、食中毒などが気になりますが、新ショウガは殺菌効果が高く、またクエン酸による疲労回復や、必須アミノ酸で栄養バランスを整えることも期待できます。夏バテ予防や食欲がないときにもいいですね。

## 6月20日

# 昼間の時間が最長の「夏至《げし》」

北半球でもっとも昼間の時間が長い夏至《げし》の日は、太陽黄経《こうけい》が90度のとき。冬至《とうじ》との昼間の時間差は実に5時間近くも。この日がもっとも日の出が早く、日の入りが遅いわけではなく、夏至を過ぎてからのほうが日の入りは遅くなります。

関西地方では半夏生《はんげしょう》（Ｐ154）にタコを食べる習慣があり、田んぼの稲の根が八方に根づきますようにとの願いが込められているそうです。

＊夏至は例年、6月21日、22日ごろとなります。

6月21日

# 父親への感謝から生まれた父の日

アメリカで母の日が始まったあと、父親にも感謝する日をと、ある女性が牧師へ嘆願します。この女性の父親は、母親が亡くなってから男手ひとつで子ども6人を育てました。1910年、彼女の父親の誕生月である6月に最初の祝典が行われました。1966年に父の日は6月第3日曜日と定められ、1972年にアメリカの正式な記念日として制定されました。

日本では1980年代にデパートの販売戦略によって広く知られるようになりました。母の日のカーネーションに対し、父の日の花はバラとされています。

＊父の日は6月の第3日曜日です。

6月22日

# 実は理想的だった 晴耕雨読《せいこううどく》な暮らし

字のとおり、晴れた日は田畑を耕し、雨の日は読書をすること。どことなく質素で勤勉な暮らしをイメージしますが、のんびり思いのままに生活する、煩わしい世間から離れて心穏やかに暮らすといった意味が含まれています。同義語は「悠々自適」であり、理想の生活を表現した言葉ともいえます。そのためたとえば「晴耕雨読《せいこううどく》の暮らしに憧れる」のように使います。

明治から昭和時代の中国文学者である塩谷節山《しおのやせつざん》の漢詩の一節「晴耕雨読、優游《ゆうゆう》するに足る」からきたとの説がありますが、定かではありません。

**雨にまつわる言葉・ことわざ**

**雨夜《あまよ》の月**

現実には見ることのできないもの、実現しないもののたとえ。あり得ないことが起こったときにも使う。雨の夜は月があるはずなのに見えないことから。

**雨後《うご》の筍《たけのこ》**

同じようなことが次々に起こること、似たようなものが相次いで生み出されること。雨が降るとタケノコが続々と生えてくることから。成長が早いという意味で使うのは誤り。

**小夜時雨《さよしぐれ》**

夜に降る時雨（降ったりやんだりする小雨）のこと。

**篠《しの》突く雨**

大雨。豪雨。まるで群がって生える竹（篠）が束になって地面に突き刺さるようなさまから。

6月23日

## 2世代の実がなる夏ミカン

温州《うんしゅう》ミカン、甘夏、日向夏《ひゅうがなつ》、伊予柑《いよかん》、八朔《はっさく》などいろいろなミカンがあるなか、夏ミカンは4～6月ごろに出荷されるミカン。実がなると晩秋ごろに色づき始めますがまだ酸味が強いため、そのまま春～初夏まで置いておくか、収穫して貯蔵します。すると酸味が和らぎおいしくなります。ひとつの木に前年の実と新しい実の二世代の実がなるため、代々続くという意味で夏代々とも呼ばれています。

6月24日

## 原風景が再現される御《お》田《た》植《うえ》祭《まつり》

田の神様を祀《まつ》って豊穣を願い、豊作か凶作かを占った農耕儀礼が起源とされる神事。田植えの季節に古来の大社などで行われ、巫女《みこ》による舞や田植え歌を歌いながら苗を植える姿などが楽しめます。

日本三大御田植祭
- 三重県の伊雑宮《いざわのみや》「磯部《いそべ》の御神田《おみた》」6月24日
- 大阪府の住吉大社「御田植神事《おたうえしんじ》」6月14日
- 千葉県の香取神宮「御田植祭《さい》」4月第1土曜、日曜

6月25日

# 意外と簡単！梅干し、梅酒作り

「梅の熟す時期の雨」が梅雨《つゆ》の語源ともされる梅の季節。梅干しや梅酒を作ってみましょう。梅干しは完熟梅を洗って水気を拭いてヘタを取り、ガラスビンに梅の20％程度の粗塩と交互に重ねます。重しをして2～3週間冷暗所に置き、天日干しをして完成。赤シソを入れると風味よく色あざやかに仕上がります。大敵はカビなので容器の消毒はしっかりと。

梅酒には青梅を使います。梅干しと同様の下ごしらえをしてから梅の半量くらいの氷砂糖と交互に重ねて、アルコール度数が20度以上のお酒を注ぐだけ。半年ほどで飲みごろになります。

## 6月26日 ブリ御三家のひとつ、カンパチ

最大で体長1.9m、重さ80kgにもなるアジ科最大の魚、カンパチ。旬の時期は6～11月ごろです。アジ科ブリ属の一種で、ブリ、ヒラマサとともにブリ御三家ともいわれています。名前の由来は口元から背びれに伸びる線が左右対称にあり、正面から見ると八の字に見えることから。

寒ブリの〝寒〟ではなく、間八または勘八と書きます。

カンパチは刺身が定番ですが、ブリよりあっさりしているのでカルパッチョや漬け丼にするのも美味。また腹の塩焼き、カマ焼き、あら煮汁などどこを食べてもおいしい魚です。

6月27日

# 雪を献上した氷室《ひむろ》の節句

氷室の節句とは江戸時代、旧暦の6月1日に行われていた行事です。起源は加賀藩前田家の氷室《ひむろ》で貯蔵していた氷（雪）を将軍家に献上していたことから。当時、金沢から江戸まで約480㎞の距離を8人の飛脚が4日間かけて運んだといいます。

　これにならい、庶民は氷にみたてて、保存食のへぎ餅や氷餅を食べていたそうです。

　前田家ゆかりの金沢では、現在7月1日を氷室の日とし、氷室まんじゅうを食べて無病息災を願う習慣が残っています。

6月28日

## 夏越《なご》しの祓《はらえ》の和菓子、水無月《みなづき》

旧暦で6月を意味する水無月《みなづき》ですが、白いういろうに甘く煮た小豆をのせ、三角形に切り分けた京都発祥の有名な和菓子の名前でもあります。京都では夏越《なご》しの祓《はらえ》が行われるころに食べられます。

その形は平安時代、旧暦6月1日に行われていた宮中行事、氷の節句に由来するとされています。氷を切り出して食べて暑気払いする風習で、水無月はその氷をかたどったのだとか。

6月29日

## 6月の伝統色「葵色《あおいいろ》」

明るく美しい紫の葵色《あおいいろ》（P4）。色名になっている葵は、まっすぐに伸びた茎に大きな花を咲かせる「立葵《たちあおい》」のこと。梅雨《つゆ》のころに花が咲くことから「梅雨葵」とも呼ばれます。

## 6月30日

# 茅《ち》の輪《わ》をくぐってお祓《はら》い

1年の半分を終えた旧暦の6月末に行われていた夏越《なご》し祓《はらえ》は、半年分の穢《けが》れを落とし、無病息災を願う行事です。新暦になった現在では6月末、または月遅れの7月末などに各地の神社で行われています。

特徴的な儀式は茅《ち》の輪《わ》くぐり。茅の輪は茅《ちがや》という草で編まれた輪で、この輪を3回くぐると病気や災いを免れるとされています。また人の形を模した紙、形《かた》代《しろ》に罪や穢れを移して厄祓いする神社も。水無月《みなづき》（P151）を食べるのも夏越しの祓の一環です。対になる行事として12月末に行われる年越しの祓があります。

# 7月

## 小暑《しょうしょ》

↓P157

**温風至**［あつかぜいたる］◎7〜11日ごろ
日差しがだんだんと強くなり、暖かい風が吹くころ。

**蓮始開**［はすはじめてひらく］◎12〜16日ごろ
ハスがつぼみをほどき、花を咲かせるころ。

**鷹乃学習**［たかすなわちわざをならう］◎17〜21日ごろ
タカのヒナが飛び方を覚え、巣立ちの準備をするころ。

## 大暑《たいしょ》

↓P170

**桐始結花**［きりはじめてはなをむすぶ］◎22〜26日ごろ
桐の花が卵形の実をつけるころ。

**土潤溽暑**［つちうるおうてむしあつし］◎27〜8月1日ごろ
土がじっとり湿って、蒸し暑くなるころ。

**大雨時行**［たいうときどきふる］◎8月2〜6日ごろ
夕立や台風などの夏の雨が激しく降るころ。

## 7月1日

# 山岳信仰から始まった山開き

登山シーズンの訪れを告げる山開き。もとは霊験あらたかな山に高僧や修行者以外の一般人への入山を許す儀式でした。富士山の山開きは、現在は山梨県側の吉田ルートが7月1日、静岡県側の富士《ふじの》宮《みや》・須走《すばしり》・御殿場《ごてんば》の3ルートが7月10日。また海水浴場も海開きを迎えます。

川開きは水辺で行われる納涼祭のことで、江戸の隅田川で打ち上げられた花火は花火大会のルーツといわれています。

## 7月2日

# 七十二候と雑節《ざっせつ》の「半夏生」

夏至《げし》から数えて11日目の7月1日ごろからは、七十二候の「半夏生」です。「はんげしょうず」と読みます。由来はサトイモ科のカラスビシャク、別名、半夏《はんげ》が生えるころということから。

また、雑節《ざっせつ》の「半夏生」でもあり、こちらは「はんげしょう」と読みます。雑節にあげられているのは、かつて農家にとってこの日までに田植えを終わらせるという重要な目安であったからです。

7月3日

# 7月の京都を彩る祇園祭《ぎおんまつり》

京都の夏といえば祇園祭《ぎおんまつり》。日本三大祭りのひとつです。平安時代に災厄祓《ばら》いを祈った祇園御霊会《ごりょうえ》が始まりとされる八坂神社の祭礼。7月1日の「吉符入《きっぷいり》」から31日の境内摂社「疫神社夏越祭《えきじんじゃなごしさい》」まで、1か月にもわたってさまざまな神事・行事が繰り広げられます。

最大の見どころは山鉾《やまほこ》が市街を練り歩く山鉾巡行《じゅんこう》。豪華絢爛な山鉾が登場して、コンチキチンと鳴る鉦《かね》の音と太鼓、笛によって奏でられる「祇園囃子《ばやし》」が響き渡る様子は風情たっぷり。2014年より前祭《さきまつり》と後祭《あとまつり》の2回に分かれて行われています。

7月4日

# 七夕に由来、入谷《いりや》の朝顔市

例年、七夕を挟んだ7月6～8日の3日間にわたって日本最大の朝顔市「入谷《いりや》朝顔まつり」が入谷鬼子母神（真源寺《しんげんじ》）とその周辺で開催されます。朝顔は別名、牽牛花《けんぎゅうか》と呼ばれ、牽牛は彦星のこと。そのためこの時期に開催されるそうです。

朝顔は奈良時代末期～平安時代、下剤の作用がある薬草として遣唐使により日本に伝わったとされています。その後、江戸時代には愛らしい見た目から観賞用としての栽培がブームに。さまざまな変種を育てる入谷の植木屋を中心に愛好家が集まって、明治以降に朝顔市が立つようになったといわれています。

## 7月5日

### 七夕の行事食、そうめん

古代中国で、帝の子が7月7日に熱病により亡くなったあと、霊となって病をはやらせるが、その子の好物だったそうめんの元祖とされる唐菓子の索餅《さくべい》を供えたところ、病が治まったという伝説があります。そこから無病息災を願って7月7日に索餅を食べる習慣が生まれ、現在ではそうめんを食べるようになったそう。またそうめんを織姫の織り糸に見立てたという説もあります。

## 7月6日

### 夏を迎える合図「小暑《しょうしょ》」

小暑《しょうしょ》は大暑の前の二十四節気で、夏《げ》至《し》から15日目ごろ。暑さがどんどん強くなっていくころです。七十二候には「温《あつ》風至《かぜいたる》」「蓮始開《はすはじめてひらく》」があり、まさに暖かい風が吹き、蓮の花が咲き始める季節。

また、次の七十二候「鷹乃学習《たかすなわちわざをならう》」は5、6月ごろに孵化《ふか》したヒナが巣立ちの準備をするころという意味です。飛び方や狩りを学んだのち、8、9月ごろに巣立ちます。

＊小暑は例年、7月7日、8日ごろとなります。

7月7日

## 織姫と彦星はどうして七夕にしか会えないの？

年に1度、織姫と彦星が会えるという七夕の伝説。織姫はこと座のベガ、彦星はわし座のアルタイル（P173）ですが、旧暦7月7日の空に、ふたつの星が天の川を挟んでもっとも輝くことから七夕ストーリーが生まれたと考えられています。また機織《はたお》りの上手な織姫と牛飼いの彦星は神様（織姫の父との説も）の引き合いのもとに結婚しますが、遊んでばかりで仕事をしなくなったことに腹を立てた神様がふたりを離れ離れにしてしまった、というい伝えがあります。しかし悲しむふたりを見かねた神様が、7月7日にだけ会うことを許したといわれています。

7月8日

## 7月の時候のあいさつ 夏バテを気づかって

梅雨《つゆ》が明けると、猛暑が始まります。旧暦では「水無月《みなづき》」にあたり、水も枯れ果てる真夏日が続きます。別名は「常夏《とこなつ》月《づき》」「蟬《せみ》の羽月《はづき》」です。漬けておいた梅干しを干して仕上げるのもこのころ。衣類や書物に風を通す虫干しの好機です。

**7月の時候のあいさつ例**

### 書き出し

- 盛夏の候 ● 盛暑の候 ● 大暑の候 ● 酷暑の候
- 梅雨明けが待たれる今日このごろ
- 青空がまぶしく感じられるころとなりました
- ヒマワリの花が咲き始めました。いよいよ夏本番を迎えます
- 街路樹のサルスベリがきれいなピンクの花を咲かせました
- スイカが店先に並び始め、本格的な夏の到来です
- 夜風に涼みながらビールを飲みたい季節です
- 夏本番、セミの声もひときわ高く感じられます
- 青空に入道雲が浮かんでいる今日このごろ
- 夕方には打ち水をして涼んでおります
- 風鈴の音に涼しさを感じる今日このごろ
- 夜空を華やかに彩る花火は夏の楽しみのひとつです

### 結び

- 暑さ厳しき折、ご自愛の上、元気に夏をお過ごしください
- 厳しい暑さが続きます。お体、大切になさってください
- 猛暑が続きますが、夏バテなどされませんように
- 暑さで体力を消耗しますが、お体を大切になさってください
- 夏風邪などひかれませんよう、ご自愛ください
- 海や山の恋しい季節、お体に気をつけて夏を満喫してください
- みなさまお元気で、にぎやかな夏休みをお楽しみください
- 寝苦しい夜が続きますが、冷房で体を冷やし過ぎませんようお気をつけください
- 暑さに負けないよう、元気に夏を乗り切りましょう

7日ごろに「小暑《しょうしょ》」を迎え、本格的に夏の暑さが始まり、22日ごろに「大暑《たいしょ》」となり、もっとも暑い時期を迎えます。夏バテをしやすい時期ですから、便りには相手の健康を気づかう言葉を入れましょう。また、暑い夏に気分だけでも涼しくなるような表現も入るとなおいいですね。

7月9日

# 一生分の功徳《くどく》がある？浅草寺《せんそうじ》のほおずき市

東京下町では7月6〜8日の「入谷《いりや》朝顔まつり」に続き、7月9、10日に「浅草寺《せんそうじ》のほおずき市」が催されます。その日に参拝すると100日、1000日分の功徳《くどく》があるとされる功徳日が浅草寺には年12回あり、7月10日は最大の功徳日。なんと4万6000日分の功徳があるとされ、四万六千日《しまんろくせんにち》と呼ばれます。

この4万6000という数の由来には諸説あり、ひとつは米の1升が米粒4万6000粒にあたり、1升を一生とかけたというもの。また4万6000日はおよそ126年に相当し、一生分の功徳が得られるからとの説もあります。

## 7月10日

# 暑中見舞いは立秋《りっしゅう》の前日まで

思いがけず届くとうれしい季節のお便りですが、暑中見舞いを送る正しい期間をご存じでしょうか。これは二十四節気の小暑《しょうしょ》（7月7日ごろ）を目安に、梅雨明けから暑さのピークとされる立秋《りっしゅう》（8月7日ごろ）の前日までとされています。立秋を過ぎてしまうようであれば残暑見舞いとして8月末ごろまで、遅くとも二十四節気の処暑《しょしょ》の期間中（9月6日ごろまで）に届くように出しましょう。

## 7月11日

# どうしてお盆に踊るの？

お盆に踊る理由は、盆踊りが本来、お盆に帰ってきた先祖の霊を慰め、供養する行事であったため。起源は諸説ありますが、平安時代の僧・空也上人《くうやしょうにん》により踊念仏《おどりねんぶつ》が生まれ、鎌倉時代に一遍上人《いっぺんしょうにん》が全国に広めたといわれています。

**日本三大盆踊り**
- 岐阜の「郡上《ぐじょう》おどり」７月中旬〜９月上旬
- 徳島の「阿波《あわ》おどり（P１８６）」８月12〜15日
- 秋田の「西馬音内《にしもない》盆踊り」８月16〜18日

## 7月12日

# 7月の伝統色「萱草色《かんぞういろ》」

カンゾウの花のような黄色がかっただいだい色（P5）。夏の野山にユリのような花を1日だけ咲かせます。

中国の故事では、この花を見ると憂いを忘れるとして、「忘れ草」とも呼ばれていました。

萱草色《かんぞういろ》は平安時代には喪中のときに身につけたといいます。別離の悲しみを忘れさせてくれるような色として用いられたようです。

## 7月13日

# ご先祖様への目印、迎え火

迎え火は戻ってくる先祖の霊が迷わないように、盆入りの日（7月13日または8月13日）の夕方に玄関前などでたく野火《のび》のこと。一般的にはおがらという皮を剥いた麻の茎を焙烙《ほうろく》と呼ばれる素焼きの皿の上で燃やしますが、その火種はお墓参りに行ってたいた火を線香やろうそくに移し、持ち帰ったものを使います。現在では盆提灯を飾って代用することが多くなりました。

7月14日

# 平べったい体が特徴的 目が右側なのがカレイ

海底に潜むのに適した平べったい体をして、その右側に目がそろってふたつある姿が特徴的なカレイ。「左ヒラメ、右カレイ」といわれるように、よく似たヒラメは左側に両目がついています。ただしヌマガレイは目が左側にあるなどの例外も。カレイは口が小さく、ヒラメは大きいという見分け方もあります。

活動力が少ないカレイの身は加熱してもやわらかいので、煮つけや唐揚げにぴったり。淡白でクセのない味はバター醤油のソースで食べるムニエルや卵を絡めて焼くピカタにも合います。

7月の旬の食材

**魚介類**

ハモ、コチ、イサキ、トビウオ、真アジ、ウナギ、アナゴ、ウニ

**野菜・果物類**

ゴーヤー（P168）、トウガン、水ナス、ニンニク、枝豆（P176）、モロヘイヤ、キュウリ、インゲン、メロン

## 7月15日

# 夏のごあいさつ、お中元

日ごろの感謝を込めて贈るお中元。実は地域によって贈る時期が違うことをご存じでしょうか。相手が住む場所によって最適なタイミングで届くように手配したいですね。うっかりお中元の時期を過ぎてしまったら、暑中見舞いや残暑見舞いとして贈ります。

地域別お中元を贈る時期

**北海道・東海・関西・中国・四国**
7月15日～8月15日

**東北・関東・北陸**
7月1～15日（北陸は7月15日～8月15日の地域もあり）

**九州**
8月1～15日

**沖縄**
その年の旧暦7月13～15日にあたる日

## 7月16日

# ご先祖様を送り届ける送り火

先祖の霊を家へ案内するためにたかれる迎え火（P162）に対し、お盆が明ける日（7月16日または8月16日）の夕方にたかれる送り火。先祖の霊はその煙にのって天に戻っていくとされています。大々的なイベントとしては、京都の五山《ござんの》送り火（P189）と奈良の高円山《たかまどやま》大文字送り火が有名です。またお盆の供物などをのせて川や海に流す灯籠流しや精霊《しょうろう》流しも送り火の一種です。

7月17日

## 浴衣《ゆかた》の原型は湯帷子《ゆかたびら》

平安時代、貴族が蒸し風呂に入る際に着用していた湯帷子《ゆかたびら》が浴衣《ゆかた》の原型とされています。帷子は夏に着る麻の着物を指し、湯帷子は水蒸気によるやけどを防ぎ、また裸を隠すために着ていたそう。江戸時代に湯屋（銭湯）が普及すると、湯上りの汗取りや寝間着として着られるようになりました。麻から綿に変わり、呼び名も湯帷子から略されて浴衣となって、明治時代には夏の普段着になりました。

7月18日

# 冷やした日本酒は「冷酒」「冷や」は常温の日本酒

「冷酒」は冷やした日本酒のことですが、温度により呼び方が異なります。ちなみに「冷や」は常温の日本酒のこと。冷やして飲む日本酒に「生酒《なまざけ》」がありますが、これは1度も火入れをしていない日本酒。夏の生酒はさわやかでみずみずしい風味があります。

標準的な日本酒は腐敗や劣化を防ぐため、60℃前後で2度ほど火入れをして低温殺菌しています。「本生」として販売されているものが生酒にあたり、「生貯蔵」は貯蔵後に1回火入れしたもの、「生詰め」は貯蔵の前に1回火入れしたものを指します。

温度別、日本酒の呼び方

| | | |
|---|---|---|
| 冷酒 | | |
| | みぞれ酒 | シャーベット状 マイナス7〜10℃ |
| | 雪冷え | 雪のように冷えた5℃程度 |
| | 花冷え | 花さえ冷たくなる10℃程度 |
| | 涼冷え《すずびえ》 | 涼やかな15℃程度 |
| 熱燗 | | |
| | 日向燗《ひなたかん》 | 日向のような30℃程度 |
| | 人肌燗《ひとはだかん》 | 人肌のような35℃程度 |
| | ぬる燗 | お酒がもっともおいしく感じられるとされる40℃程度 |
| | 上燗《じょうかん》 | 熱さを感じる45℃程度 |
| | 熱燗《あつかん》 | 寒い日に適した50℃程度 |
| | 飛びきり燗 | 飛びきり高い50℃以上 |

7月19日

# 猿もすべって落ちる木!? サルスベリ

樹皮がツルツルとなめらかで、木登りが得意な猿でもすべり落ちてしまうことから名づけられたサルスベリ。別名を百日紅《ひゃくじっこう》といい、夏から秋にかけて可憐な花を次々に咲かせて、100日ほどの長い期間、目を楽しませてくれます。

また朝鮮半島に残るこんな伝説から名づけられたとの説も。「王子は旅の途中で助けた娘と恋に落ちるが100日後に戻ると娘は亡くなっていた。その後、娘のお墓から伸びた木を、100日間恋人を待ち続けた娘の生まれ変わりの木として百日紅と名づけた」というもの。悲しくもロマンティックな伝説です。

**夏の花々**

マリーゴールド、アジサイ(P141)、ヒマワリ(P194)、朝顔(P156)、ムクゲ、オシロイバナ、ツユクサ、千日紅《せんにちこう》、ベニバナ、インパチェンス、ペチュニア、アガパンサス、サルビア、トルコキキョウ、ノウゼンカズラ、キョウチクトウ、タチアオイなど

# 7月20日

# ビタミンCたっぷりのゴーヤー

ゴーヤーは沖縄の方言で、正式名称はツルレイシ。またニガウリともいわれています。ゴーヤー1本でビタミンCをレモン3個分以上含み、貧血防止に役立つ鉄分も豊富。あざやかな濃い緑色でずっしり重く、イボが密で新鮮なゴーヤーを選びましょう。長時間保存したいときは、ワタと種を取り除いてから保存するのがおすすめです。

苦味を和らげるには果肉を薄く切り、塩揉みをする際に少しの砂糖を加えると効果的。塩と砂糖をよくなじませ、10分ほど置いたらさっと湯通しします。

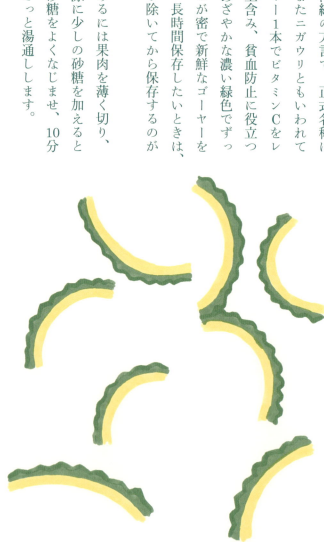

# 7月21日

# 土用の丑《うし》の日にウのつくもの

土用の丑《うし》の日に食べられるウナギ。皮膚や粘膜の潤いを保ち、目の働きを助けるビタミンA、疲労回復効果のあるビタミンB1や美容効果などが期待できるB2などのビタミンB群が豊富で、亜鉛やカルシウムなどのミネラル類、DHAとEPAも多く含まれています。

ウナギのほかにも、土用の丑の日には「ウ」のつく食べ物を食べるとよいとされています。たとえば、うどん、梅干し、ウリ、牛の肉、馬の肉などです。また、ウはつきませんが、江戸時代からシジミがよいといわれています。これらのものを食べて夏を乗り切りたいですね。

**土用の丑の日に食べるとよい「ウ」のつく食べもの**

**ウナギ**
ビタミンやDHAなどを多く含み、栄養価が高い。

**うどん**
消化吸収がよい、疲労回復、食欲がないときも食べやすい。

**梅干し**
疲労回復、塩分補給、食欲不振の解消、消化吸収をよくする。

**ウリ**
キュウリ、スイカ、ゴーヤー（ニガウリ）、トウガン、カボチャなど。体の熱を冷ます、むくみ防止。

**牛の肉**
タンパク質、ヘム鉄、ビタミンB2がとれ、スタミナがつく。

**シジミ**
「ウ」はつかないが、「土用シジミは腹ぐすり」という言葉が残るほど栄養たっぷり。

7月22日

# 1年で一番暑さの厳しい「大暑《たいしょ》」

二十四節気の大暑《たいしょ》は大寒《だいかん》（P28）のちょうど半年後にあたり、夏の最後の節気でもあります。1年でもっとも暑さが厳しく感じられる夏真っ盛りな時期であり、この日に打ち水のイベントを行うところも多いようです。実際に温度が下がり涼しく感じられますから、自宅でも朝や夕方に水をまいてみてはいかがでしょうか。ベランダでは湿度を上げないように日陰に打ち水をするのがポイントです。

またこの期間は土用の時期。土用とは二十四節気の立春・立夏・立秋・立冬の直前18日間を指します。土用の丑《うし》の日は、この期間中の丑の日のことです。

＊大暑は例年、7月22日、23日ごろとなります。

## 7月23日

## 一夜限りの花「月下美人《げっかびじん》」

夜に咲き始めて翌朝にはしぼんでしまう、その名のとおり月の下で美しい花を咲かせる月下美人《げっかびじん》。実はメキシコ原産でサボテンの一種。名前の由来は昭和天皇が皇太子時代、台湾駐在大使に花の名前を尋ねると「月下の美人」と答えたからといわれています。年1回しか咲かないとの説がありますが、環境が整っていれば3～4回ほど咲くそう。また満月の夜にしか咲かないというのも誤りです。

## 7月24日

## 日本三大祭り、大阪の天神祭《てんじんまつり》

学問の神様、菅原道真《すがわらのみちざね》の命日にちなんで毎年7月25日前後に全国で行われている天神祭《てんじんまつり》。なかでも6月下旬から約1か月にわたって行われる大阪天満宮の天神祭が有名です。7月24日の宵宮《よいみや》には天神祭の起源とされる鉾流神事《ほこながししんじ》などが行われます。7月25日の本宮には大川に100隻あまりの船が行き交う船渡御《ふなとぎょ》と奉納花火大会などが行われ、花火と船の明かりが川面に映るさまは風情豊か。

## 7月25日 ひんやり冷たい！ かき氷の日

7月25日は「かき氷の日」。これはかき氷のかつての名前、夏氷《なつごおり》=725の語呂合わせから。1933年のこの日、山形市で日本最高気温40・8℃が記録されたことも理由のひとつでしたが、現在ではその記録は更新されています。

砂糖かガムシロップを加えた水で氷を作ると、フワフワのかき氷を楽しむことができます。砂糖の量は水の約1割が目安。ぜひお試しください。

## 7月26日 怪談が由来の「幽霊の日」

背筋も凍る怪談話は暑い夏の夜にぴったり。江戸時代の1825年7月26日、歌舞伎劇場の中村座で「東海道四谷怪談」が初演されたことから「幽霊の日」に制定されました。四谷怪談は元禄時代に雑司ヶ谷四谷町（現在の豊島区雑司が谷）で起きた事件をもとに、戯作者の鶴屋南北によって作られました。

日本三大怪談は「四谷怪談」、「皿屋敷」、「牡丹燈籠《ぼたんどうろう》」です。

# 7月27日

# 天の川と楽しむ夏の大三角形

こと座のベガ（織姫星）、わし座のアルタイル（彦星）、はくちょう座のデネブを結んでできる大きな三角形を夏の大三角形といい、七夕のころから見え始めます。真東の空に浮かぶ一番明るい星がベガ、天の川を挟んでその右下の方向にアルタイルがあり、同じく左下の方角にデネブがあり、8月になると真上の方角に移動します。ベガの見つけ方は、すぐ右下にある明るい星を結ぶと平行四辺形になること。これがこと座です。

見えやすいのは、晴れていて湿度が低く、新月など月明かりが弱い日。月が出ていない時間帯も狙い目です。

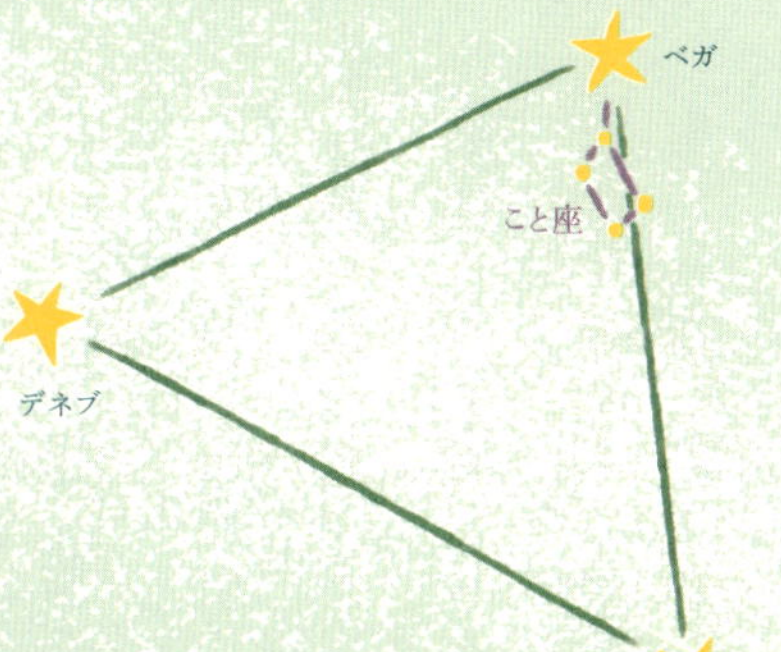

7月28日

# とても暑い日、猛暑日とは

年々夏の暑さが厳しくなっている印象を受けますが、なかでも最高気温が35℃を超えた暑い日のことを天気予報では猛暑日と表現します。また夏日は25℃、真夏日は30℃をそれぞれ超えた日。熱帯夜は夜間の最低気温が25℃以上の日のことです。

これらは気象庁が情報の利用者に伝わりやすいように定めた予報用語で、猛暑日は地球温暖化などの影響で気温上昇が進んだ２００７年から使われ始めました。

ちなみに真冬日は最高気温が０℃未満、冬日は最低気温が０℃未満の日のことを指します。

**暑さを表す言葉**

**極暑《ごくしょ》**
極めて暑いこと。夏の暑い盛り。

**酷暑**
ひじょうに暑いこと。
厳しい暑さ。厳暑とも。

**激暑《げきしょ》（劇暑とも）**
激しい暑さ。

**炎暑《えんしょ》**
焼けつくような暑さ。

**溽暑《じょくしょ》**
蒸し暑いこと。

**温気《うんき》**
蒸し暑いこと。

**暑熱《しょねつ》**
夏の暑さ。

**旱暑《かんしょ》**
日照りで暑いこと。

7月29日

## 金魚の日は夏じゃない!?

縁日の金魚すくいでおなじみ、日本の夏の風物詩ともいえる金魚。実は突然変異した赤いフナが祖先といわれています。遺伝的変異を起こしやすいことから、さまざまな品種が生み出されています。金魚の日は実は夏ではなく、まだ寒い3月3日。これは江戸時代、ひな祭りに金魚を飾る風習があったことから。当時は高級魚だったので、飾ると裕福さをアピールできたからという説があります。

7月30日

## 7月の伝統色「夏虫色《なつむしいろ》」

光のあたり具合によってさまざまに色が変わるタマムシの羽の色から生まれたといわれる夏虫色《なつむしいろ》（P5）。虫から名前がつけられた珍しい色です。

夏虫色は平安時代から親しまれている色で『枕草子』に「指貫《さしぬき》（袴《はかま》）は、紫の濃き。萌黄《もえぎ》。夏は、二藍《ふたあい》。いと暑きころ、夏虫の色したるも、涼しげなり」とあります。夏虫色は涼しげな色として紹介されています。

## 7月31日

# ビールとの相性も抜群！夏におすすめの枝豆

枝豆はまだ青い未成熟な大豆の実を収穫したもの。栄養豊富でビタミンB1やカリウム、マグネシウム、葉酸、鉄分が多く含まれ、夏バテ予防にぴったり。また肝機能の働きを助けるオルニチンが含まれているのもビールと相性抜群の理由です。

おいしいゆで方のポイントはゆでる前に茎側のサヤの端をキッチンバサミで切ること。塩水が行き渡り、味が染みやすくなります。産毛を取るようにして塩を揉み込み、1ℓに対して40gの塩を入れた熱湯でゆで時間は3～5分ほど。熱が均一に伝わるように蓋をします。ざるに上げて冷まし、できあがりです。

# 8月

## 立《りっ》秋《しゅう》

↓P182

**涼風至**［すずかぜいたる］◎7～11日ごろ
涼しい風にかわり始めるころ。

**寒蟬鳴**［ひぐらしなく］◎12～16日ごろ
ヒグラシが鳴き始めるころ。

**蒙霧升降**［ふかききりまとう］◎17～21日ごろ
森や水辺に深い霧が立ち込めるころ。

## 処《しょ》暑《しょ》

↓P194

**綿柎開**［わたのはなしべひらく］◎22～27日ごろ
綿を包むガクが開き始めるころ。

**天地始粛**［てんちはじめてさむし］◎28～9月1日ごろ
ようやく暑さがしずまるころ。

**禾乃登**［こくものすなわちみのる］◎9月2～6日ごろ
日に日に稲穂の先が重くなり、実るころ。

# 8月1日

## 感謝を伝える日の「八朔《はっさく》」

1日のことを朔日《さくじつ》ともいいますが、旧暦の8月1日は八朔《はっさく》といい、日ごろお世話になっている人に感謝を伝え、贈り物をする風習があります。

京都の祇園界隈では、芸妓や舞妓たちが絽《ろ》の黒紋つきという正装で師匠や茶屋などへあいさつ回りをします。

もともとは農家が本格的な収穫を前にその年の初穂《はつほ》をお世話になっている人や頼りにしている相手へ贈る風習であり、豊作祈願の意味も込められていました。この「田の実」が「頼み」に転じ「頼み頼まれる」関係を大切にする人たちの間で流行して習慣になりました。

8月2日

# 東北三大祭りのひとつ 青森ねぶた祭

毎年8月2～7日に開催される青森ねぶた祭。人形ねぶたと呼ばれる勇壮な絵が描かれた山車《だし》灯籠《とうろう》が運行し、「ラッセラー」のかけ声とともにハネトと呼ばれる踊り子が乱舞するさまは迫力満点。ねぶたの由来は七夕の灯籠流しが変形したものだそうです。

また8月1～7日には弘前《ひろさき》ねぷたまつりが開催されます。こちらは「ヤーヤドー」のかけ声とともに武者絵などが描かれた扇型の山車を引いて街を練り歩きます。

## 8月3日 夏に食べたいスイカ

スイカはカリウム・カルシウム・マグネシウムなどのミネラルやβカロテンを含み、栄養も満点で、食塩を少し加えるとスポーツドリンクのような効果が期待できるそう。さらに実のほとんどが水分なので熱中症予防にもぴったり。100gあたり37kcalとカロリー控えめなのもうれしいポイントです。

## 8月4日 天の川＝ミルキーウェイ？

夏の夜空に浮かぶ光の帯、天の川。その正体は膨大な数の恒星ですが、東アジアの神話では「天の川」と表現しました。一方、ギリシャ神話では「乳」「乳の環」と表現。英語でミルキーウェイと呼ばれているのはそのためです。

ゼウスの正妻、ヘラの母乳には飲んだ子を不死身にする力があり、ゼウスは浮気相手との子を不死身にしようと、眠るヘラの乳を吸わせたが、ヘラが目覚めてしまい、乳が流れ出した、というギリシャ神話がもとになっています。

## 8月5日

## 長い歴史をもつ「うちわ」

この時期に活躍する「うちわ」。その歴史は古く、6世紀ごろ中国から日本に伝わりました。奈良・平安時代には、身分の高い人が儀式や占いで使い、日差しを遮ったり、顔を隠したりしていました。

戦国時代には軍配として、江戸時代には炊事の火起こしや虫払いなどに使われたほか、和歌や浮世絵などが描かれたうちわも登場。実用以外に、鑑賞用や広告としても使われてきました。

## 8月6日

## 風にあたって夕涼《ゆうすず》みを

暑い日の夕暮れどき、外に出て涼をとり、暑さをしのぐ夕涼《ゆうすず》み。なんとも涼しげな言葉です。昔は縁側や縁台でスイカやビールが定番でしたが、今はビアガーデンやナイトプールなどもありますね。

エアコンを使わなければ、二酸化炭素の排出が減り、地球温暖化防止に役立ち、電気代も節約できるといいことずくめ。涼しくなったころ、少し外に出てみてはいかがでしょうか。

## 8月7日

# 秋の始まりを告げる「立秋《りっしゅう》」

立秋《りっしゅう》から暦の上では秋となります。暑さが頂点を迎え、秋の気配が立ち始めるころです。立秋の期間の七十二候は「涼風至《すずかぜいたる》」「寒蝉鳴《ひぐらしなく》」「蒙霧升降《ふかききりまとう》」で、秋の涼しい風が吹き始め、ヒグラシが鳴き、森や水辺に深い霧が立ち込めるころ。涼しげで風情ある言葉が並びます。また立秋からの暑さを残暑といい、この日を境に暑中見舞い（Ｐ161）から残暑見舞いに替わります。

## 8月8日

# まるで時雨《しぐれ》のよう「蝉時雨《せみしぐれ》」

多くのセミが一斉に鳴きたてる声のにぎやかさを時雨《しぐれ》の音に見立てた夏の季語、蝉時雨《せみしぐれ》。時雨（Ｐ262）は晩秋から冬のはじめにかけて突然パラパラと降ったかと思えばいつの間にかやんでいる雨のことで、初冬の季語になっています。セミの鳴く声に「時雨」という言葉をあてたとても美しい日本語です。

ちなみに鳴くのはオスだけで、求愛や威嚇、集団形成のために鳴くそうです。

＊立秋は例年、8月7日、8日ごろとなります。

# 8月9日

朝、少し涼しいなと感じられるのが立秋すぎ。とはいえ、日中はまだまだ暑い日が続きます。夏祭りやお盆もあり、輝く太陽の恵みを受けて、野山や水辺で夏を満喫する人も多いのでは。便りには、祭りや花火の話題、夏の花の様子などを入れて、暑いなかでも元気に過ごしていることを伝えましょう。

23日ごろに迎える処暑《しょしょ》から夏も終わり。温暖化で残暑が続きますが、徐々に朝晩の気温が下がり始め、秋の気配も感じられます。夏の疲れも出やすいころですから、相手の体調を気づかう言葉を選びたいですね。

## 8月の時候のあいさつ 暑い時期を元気に

8月の時候のあいさつ例

**書き出し**

- 晩夏の候 ● 立秋の候 ● 残暑の候 ● 秋暑の候
- 花火大会が開催される時期になりました
- 真夏の日差しのなか咲くヒマワリが美しく輝いています
- ビアガーデンに繰り出したい今日このごろ
- 盆踊りのにぎやかな音色が聞こえています
- 台風が次々と発生しており、天気予報が気になります
- 虫の音にようやく秋の訪れを感じるようになりました

**結び**

- もうしばらく残暑が続くようです。どうかご自愛ください
- 厳しい暑さが続いております。お盆休みは楽しい夏をお過ごしください
- 残りの夏休みを元気にお過ごしください
- 朝夕涼しくなってきました。お風邪などひかれませんように
- 夏の疲れが出るころです。みなさまくれぐれもお体大切に
- 秋の気配が漂い始めました。みなさまおそろいで、さわやかな秋をお迎えください
- そろそろ夏も終わり、秋になりましたら一緒にお出かけしましょう

# 8月10日

## 東京、隅田川花火大会の始まり

夏の定番行事、花火大会の由来は1732年に発生した享保《きょうほう》の大飢饉《だいききん》と疫病の流行にありました。亡くなった方の魂を鎮めるために隅田川で水神祭が行われ、そこで花火が披露されました。これが隅田川花火大会の始まりと考えられています。当時は両国の川開きと呼ばれていました。

花火の大きさによって上げる高さは異なり、1尺玉なら上空330mくらいまで打ち上げられ、花火は直径300mにもなります。最近の花火のトレンドはまるでネオンサインのように光が移動して見える「スライド牡丹《ぼたん》」だそうです。

# 8月11日

# 山に親しみ、感謝する山の日

2016年に施行された国民の祝日、山の日。祝日の新設は1996年に施行された海の日から20年ぶりのこと。候補日として山開きの多い6月や海の日（7月第3月曜）の翌日、お盆前などがあり、一度は8月12日の案が採用されました。しかしこの日は日本航空123便の墜落事故の日であったことから、最終的に8月11日に決定。「八」が山、「11」が木に見えるからとの説もあります。

＊山の日は2020年のみ、オリンピック閉会式の翌日、8月10日に変更されます。

8月12日

# 日本三大盆踊りのひとつ 徳島の阿波《あわ》おどり

現在の徳島県にあたる阿波国《あわのくに》を発祥とする阿波《あわ》おどり。本家の徳島ではお盆の8月12〜15日に開催。踊り手のグループを「連《れん》」、特有のリズムを「ぞめき」、歌を「よしこの節」と呼び、独特の用語が多いのも特徴です。三味線、太鼓、鉦《しょう》鼓《こ》（円盤状のかね）、篠笛などによるにぎやかな伴奏とともに踊り手が練り歩きます。

最大の見どころは連ごとに異なる個性豊かな踊り。有名連から名づけられた、朗らかな「のんき調」、優雅な「娯茶平《ごちゃへい》調」、激しい「阿保調」の三大主流と、太鼓をドカドカ打ち鳴らす「苔作《こけさく》調」の4つがベースとなる踊りです。

8月13日

# ご先祖様を迎えるお盆
# 精霊馬《しょうりょううま》は霊の乗り物

正式名称を盂蘭盆会《うらぼんえ》といい、故人の魂がこの期間だけこの世に戻ってくるとされるお盆。7月の新盆で行うのは東京と金沢の一部の地域のみで、ほぼ全国で8月15日を中心に8月13〜16日の旧盆で行われます。盂蘭盆会はもとは旧暦7月15日の行事で、新暦では8月半ばに相当します。7月は農作業で忙しいこともあり、月遅れに行う地域がほとんどです。

キュウリやナスに棒を刺して作る供物の精霊馬《しょうりょううま》は先祖の霊が乗るためのもの。キュウリの馬で早く家にたどり着いてほしい、ナスの牛でゆっくり帰ってほしい、という思いが込められています。

## 8月14日 夕立とゲリラ豪雨

夏の午後に突然やってくる夕立。名前の由来は夕方に雲が立つからなど諸説あり、驟雨《しゅうう》、白雨《はくう》とも呼ばれます。

夕立の原因は夏の強い日差しで地面付近の湿った空気が暖められ、上昇してできた積乱雲が、上空の冷たい空気によって冷やされるため。ヒートアイランド現象が原因といわれるゲリラ豪雨も発生のメカニズムは同じですが、ゲリラ豪雨は時刻を問わず降るという特徴があります。

## 8月15日 魂を海に帰す、灯籠流し

お盆の供物を海や川に流す灯籠流しや精霊《しょうろう》流し。魂が煙にのって天に帰る送り火（P164）に対し、灯籠にのって海の向こうのあの世へ帰っていくとされています。有名な長崎の精霊流しは独特の作法でも知られ、初盆を迎えた家は精《しょう》霊船《ろうふね》に見立てた山車《だし》を用意し、提灯や造花で派手に飾りつけ、爆竹と鐘《かね》を鳴らしながら街を練り歩きます。爆竹は悪霊を祓《はら》い、道を清めるためとされています。

8月16日

# 京都の五山《ござん》送り火の文字と絵柄

もっとも有名な送り火が8月16日の20時から行われる京都五山《ござん》送り火（大文字《だいもんじ》の送り火とも）。東山に大の字、続いて松ケ崎に妙と法、西賀茂に船形、大北山に左大文字、最後は嵯峨に鳥居形の順番で、5分おきに5つの山に6つの文字や絵柄が浮かび上がります。

文字の由来には、大は地・水・火・風の四大要素という意味や「一人」の漢字が合わさったもの、妙と法はお経の南無《なむ》妙法蓮華経《みょうほうれんげきょう》から、船形は精霊船、もしくは慈覚大師《じかくだいし》が無事に航海から戻れたことから、鳥居形はふもとにある愛宕《あたご》神社からなど、いくつかの説があります。

8月17日

# カルシウムが豊富なイワシ

イワシと呼ばれるのは一般的にマイワシ、ウルメイワシ、カタクチイワシの3種類。春に北上し、秋に南下する回遊魚で、鮮魚としてお店に並ぶマイワシの旬は春〜秋。8〜10月ごろのイワシが脂がのっておいしいといわれています。

お腹がふっくらとして黒い点々模様がくっきり見えるものが新鮮。目は黒々として澄んでいるものを選びましょう。身が厚いものは脂がのっている証拠です。

脂のりがよければ塩焼きやマリネに。夏バテ防止には梅煮がおすすめです。

**8月の旬の食材**

**魚介類**
カンパチ、タチウオ、マゴチ、カサゴ、スルメイカ、シジミ

**野菜・果物類**
ピーマン、オクラ、スイカ（P180）、トウモロコシ（P196）、ブドウ（P198）、桃

8月18日

## 夏の夜の短さを嘆く、短夜《みじかよ》

春の日永《ひなが》、秋の夜長《よなが》、冬の短日《たんじつ》に対して夏の夜を表現した季語が短夜《みじかよ》。単に昼夜の長さの違いだけでなく、季節の移り変わりの訪れを喜び、恋しさからそのはかなさを嘆く情感も表現されています。

「明易《あけやす》し」「夜《よ》のつまる」も同じような意味の言葉。また夏の夜を表現したほかの季語には、夏の月に涼しさを感じる「夏の月」、過ごしやすい夏の夜明けを意味する「夏の暁《あかつき》」などがあります。

8月19日

## 打ち水は茶の湯が起源？

最近はヒートアイランド対策としても推奨されている打ち水。その起源は諸説ありますが、そのひとつに「お客さまを茶室に迎え入れる際、道に打ち水をして準備が整ったことを知らせる」という茶の湯の作法が由来との説があります。また打ち水で道を清めて土ぼこりを抑え、水に濡れた木々の香りも感じられるという効果もあったそう。お客さまを迎える際の奥ゆかしい振る舞いです。

8月20日

# 青空にもくもくと湧き立つ入道雲

入道雲は夕立（P188）の原因でもある積乱雲や、てっぺんがドーム状に盛り上がった雄大積雲《ゆうだいせきうん》（雄大雲《ゆうだいうん》とも）の俗称で、坊主頭（＝入道）のような形になることから名づけられました。

水分をたっぷり含んだ空気が上空で急激に冷やされてできる入道雲。もくもくと勢いよく大きくなる夏らしい風景に見とれてしまいますが、天気急変の予兆でもあります。空が暗くなったり、冷たい風が吹いてきたら間もなく大雨のサインです。

8月21日

## 夏空に赤く輝くひでり星

ひでり星とは炎天続きの夏の夜に見える、日照りを象徴するような赤い星のこと。夏の季語でもあります。

具体的には南の空に光るさそり座の中央部にある恒星のアンタレスや惑星の火星を指します。恒星が赤い理由は表面の温度が低いから。また、惑星である火星が赤い理由は大地が赤っぽいためです。

赤い星なので酒酔星《さけよいぼし》や赤星《あかほし》、また豊作の吉兆として豊年星《ほうねんぼし》とも呼ばれています。

8月22日

## 8月の伝統色「紺碧《こんぺき》」

深みのある濃い青色(P5)。「紺碧《こんぺき》の空」「紺碧の海」などと、空や海などが澄み渡っていて、美しい青色という表現にも用いられています。便りや句などに使ってみるのもいいですね。

洋名は「アジュール」で、宝石のラピスラズリの産地名でしたが、転じて色名に。この色が日本に伝わった際、ラピスラズリ↓紺色の碧と和訳されて名づけられたそうです。

## 8月23日　過ごしやすくなる「処暑《しょしょ》」

二十四節気の処暑《しょしょ》は暑さが峠を超えたころ。昔から台風がきやすい時期とされました。また激しい夕立も降りやすいので急な天候の変化にご注意を。

このころ、京都を中心とした関西地方では子どもの健やかな成長を願う地蔵盆《じぞうぼん》という行事が行われます。いつも見守ってくれるお地蔵様を洗って飾り、お菓子を供えて、それを子どもたちに振る舞います。

## 8月24日　ヒマワリが太陽を向く理由

夏を象徴するように元気いっぱいに咲き誇るヒマワリ。名前の由来は太陽の方向を追って回る様子からで、花言葉も「私はあなただけを見つめる」。

しかし実は太陽を追っているわけでは

＊処暑は例年、8月22日、23日ごろとなります。

なく、日の当たらない側の茎のほうが早く成長するためにそう見えるのだそう。またこの動きはつぼみをつけるころまでで、花が咲くころには回らなくなります。

## 8月25日

# 台風につけられた名前

台風は熱帯の海に太陽が照りつけ、熱せられた海水面から立ち上った水蒸気をもとに発生すると考えられています。ハリケーンとサイクロンも最大風速の定義が違うだけで同じ大型の熱帯低気圧。発生した地域によって名前が変わります。

ニュースでハリケーンの名前を耳にしますが、2000年から台風にもアジア名がつけられるように。台風委員会に加盟するアジア各国とアメリカの14国がそれぞれ10の名前を提供し、そこから順番に命名されています。日本からはコイヌ、カンムリ、クジラ、トカゲ、ヤマネコなど、星座の名前を提供しています。

8月26日

# 米、小麦に並ぶ世界三大穀物 トウモロコシ

夏の味覚のひとつ、黄金色に輝くトウモロコシ。唐（舶来の意味）のモロコシが名前の由来です。ビタミンB群と食物繊維が豊富で、ビタミンEやカリウム、カルシウム、マグネシウム、鉄分や亜鉛などをバランスよく含んでいます。

新鮮なものほど甘くておいしいので、買ったらすぐにゆで、冷蔵保存しましょう。お湯でゆでる際は薄皮を残しておくと旨味が逃げず、より甘く仕上がります。また、トウモロコシを実と芯に分けて、お米の上にのせて一緒に炊き込むと、芯からも甘味《あまみ》が出て、おいしいトウモロコシご飯ができあがります。

8月27日

# 青田買いと青田刈り

青田とは稲の苗が青々としている田んぼのこと。卒業前の優秀な学生に早い段階で就職内定を出すことを青田買いといいますが、そもそもはまだ稲が実っていないうちから収穫量を見積もり、お米を先物買いすることを意味する農業の専門用語から。似た言葉に青田刈りがありますが、こちらは敵に渡さないためにまだ未熟な稲を刈り取った戦国時代の戦術で、意味はまったく違います。

また青田買いは、まだ完成していないのに宅地や建物を買う不動産用語にも使われています。反対の意味で青田売りという言葉もあります。

## 8月28日

# 日を浴びるほど甘くなるブドウ

たくさんの種類があるブドウ。糖度が高く、ブドウ糖の名称は、世界で初めてレーズンから抽出されたことが由来とされています。日を浴びるほど糖度が増すため、房の上にあるほうが甘く、また色も濃くなります。皮を覆う白い粉は農薬ではなく、水分を保ち、病気を予防する果粉《かふん》（ブルーム）で、たくさんついていると新鮮な証拠。

長もちさせる保存のコツは、軸を数ミリ残してキッチンバサミで粒を切り離して冷蔵、または冷凍すること。軸が蓋の役目を果たしてくれるので傷まず、果汁もしっかり守られます。

## 8月29日

# 秋の長雨の原因、秋雨《あきさめ》前線

8月の終わりごろから秋にかけて降る長雨を秋雨《あきさめ》といい、秋霖《しゅうりん》やすすき梅雨《づゆ》とも呼ばれます。その原因となるのが秋

雨前線。南の暖かい太平洋高気圧と北の冷たい高気圧がぶつかる境目で大気が不安定になることで発生します。雨が続くのは高気圧が互いに押し合い、南下したり北上したりして日本列島に居座るため。北にあるほど活発で、南下するほど勢いは弱まります。

## 8月30日

## 8月の伝統色「群青色《ぐんじょういろ》」

紫みの深い青色（P5）。日本画材の岩絵具の「群青《ぐんじょう》」からついた色名。群青の原料の天藍石《てんらんせき》は古くから貴重な石とされてきたといいます。

群青色は日本画に欠かせない色として、江戸時代の琳派《りんぱ》の屏風絵などに使われてきました。国宝の「燕子花図屏風《かきつばたずびょうぶ》（尾形《おがた》光琳《こうりん》）」のカキツバタの花色や、「朝顔図屏風（鈴木其一《すずききいつ》）」の朝顔の花色に見事に濃淡をつけた群青色が使われています。

# 8月31日

## 野菜を食べよう！ 野菜の日

この日は831《やさい》の語呂合わせから野菜の日に。野菜を知ってほしい、たくさん食べてほしいということから全国青果物商業協同組合連合会などの団体が制定しました。

成人1日あたりの野菜の目標摂取量は350g（厚生労働省）で、調査から約60g足りていないという結果が（国民健康・栄養調査）。これを補うには葉野菜を1品増やすといいそうです。葉野菜のおひたしや、キャベツや白菜の炒め物などをとり入れてみましょう。

各地で野菜のイベントも開かれているので、チェックしてみては。

# 9月

## 白露《はくろ》↓P206

**草露白**［くさのつゆしろし］◎7～11日ごろ
草花の上におりた朝露が白く光って見えるころ。

**鶺鴒鳴**［せきれいなく］◎12～16日ごろ
水辺でセキレイの鳴き声がよく響くころ。

**玄鳥去**［つばめさる］◎17～21日ごろ
ツバメが南へ帰っていくころ。

## 秋分《しゅうぶん》↓P218

**雷乃収声**［かみなりすなわちこえをおさむ］◎22～26日ごろ
夏の間に鳴り響いた雷がおさまるころ。

**蟄虫坏戸**［むしかくれてとをふさぐ］◎27～10月1日ごろ
活動していた虫たちが冬ごもりの支度を始めるころ。

**水始涸**［みずはじめてかるる］◎10月2～6日ごろ
田んぼの水を落として、稲穂の刈り入れを始めるころ。

## 9月1日 防災の日に備蓄の見直しを

9月1日は昔から台風の多い厄日とされていました。稲の収穫を控えた農家にとってはとても大事な時期だったため、1684年の貞享暦《じょうきょうれき》より全国の暦に記載されるようになりました。そして、この日は1923年に関東大震災が起きた日。このふたつを踏まえて、1960年に防災の日として制定されました。

備えあれば憂いなし。備蓄品の食料や水の賞味期限を確認しておきたいですね。

## 9月2日 風《ふう》鎮《ちん》祭《さい》が行われる、二百十日《にひゃくとおか》

立春《りっしゅん》から210日目を指す雑節《ざっせつ》のひとつで、例年このころにあたります。八《はっ》朔《さく》（P178）、二百二十日《にひゃくはつか》と並んで台風の多い日とされ、農家にとって三大厄日《さんだいやくび》といわれていました。そのため、この時期に風鎮祭《ふうちんさい》が催されます。

そのひとつが富山市八尾町で9月1〜3日の3日間にわたって開催される「おわら風《かぜ》の盆」。300年の歴史があり、越中おわら節と呼ばれる民謡の旋律にの

せて踊り手が踊りを披露します。風情ある古い町並みに優雅な踊り、胡弓《こきゅう》の音色など独特の趣があり、観光客もたくさん訪れます。

## 9月3日

## 新米シーズンの到来

日本が南北に長いおかげで、新米は7月から楽しめます。とはいっても本格的な新米シーズンはやはり秋。10月には東北や北海道などのお米も収穫され、新米として店頭に並びます。

おいしく炊くコツは、とぎ過ぎないこと、水加減をやや少なめに炊くこと。そして、炊きあがったらすぐにしゃもじでほぐします。ツヤツヤふっくら、甘味《あまみ》のある新米を堪能できます。

9月4日

# 目で見て季節を感じる秋の七草

秋の七草は、春の七草と違い、食べるのではなく観賞用として親しまれています。由来は古く、『万葉集』に「七種《ななくさ》」などとして収められています。

萩《はぎ》はまさに秋を代表する花。紅紫色をよく見かけますが、ピンクや白の花もあります。尾花《おばな》はススキのこと。お月見に欠かせません。葛《くず》は葛湯や葛切りなど昔から食用にもなりました。撫子《なでしこ》は大和撫子といわれるくらい、可憐で美しい花。女郎花《おみなえし》は黄色の小さな花が集まって咲きます。このほか藤袴《ふじばかま》と桔梗《ききょう》。秋には多くの花が咲き、秋草が咲き乱れる野という意味の花野《はなの》という秋の季語があります。

## 9月5日 国民栄誉賞、初の受賞は？

１９７７年９月５日、プロ野球の王貞治選手が国民栄誉賞を受賞しました。受賞理由は通算本塁打数世界新記録達成。このときが、国民栄誉賞受賞第１号となりました。

２０１８年まで26人と１団体（なでしこジャパン）が受賞し、そのうち11人と１団体がスポーツ関連での受賞です。最近では２０１８年の羽生結弦選手の受賞が話題になりました。

## 9月6日 栄養の宝庫、カボチャ

季節の変わり目に食べたいのは、栄養豊富な食べ物。旬を迎えるカボチャには、免疫力アップに効果が期待できるβカロテン、冷え症対策におすすめのビタミンEが多く含まれています。

ところでスーパーなどでよく目にするカボチャは西洋カボチャです。西洋カボチャは甘いのでお菓子作りにも活躍します。一方、ねっとりとした日本カボチャは煮物に向いているといわれています。

＊例年、９月５日が国民栄誉賞の受賞日です。

## 9月7日

### 秋の気配が訪れる「白露《はくろ》」

二十四節気のひとつ「白露《はくろ》」。夜中に大気が冷え、草花や木に朝露がやどり始めるころです。おりた露は光り、白い粒のように見えます。夏から秋への変わり目ですね。朝露は1日の天気を伝えてくれる役目も。「露がおりると晴れ」という言葉があります。

白露の最後の七十二候は「玄鳥去《つばめさる》」。ツバメが南の国へ旅立つ時期です。ツバメは秋になると大集団を作り、ねぐらには河川敷の葦原《あしはら》を利用します。南へ帰るときは晴れた日ではなく、曇りや小雨の日を選び、群れをなして空の高い位置を雲に隠れるように飛んでいきます。

## 9月8日

### 9月の時候のあいさつ 移りゆく秋を表現して

夏から秋へ移り変わる9月。旧暦では「葉月《はづき》」に相当し、萩《はぎ》の花が咲くので「萩月《はぎづき》」、中秋の名月を愛でる「月見月《つきみづき》」、また「燕去月《つばめさりづき》」などの呼び名があります。

残暑は続きますが、日ごとに虫の音が高

---

＊白露は例年、9月7日、8日ごろとなります。

まっていきます。

便りには秋へと移りゆくさまを表して。リンドウ、コスモス、ススキなどの草花や、秋の味覚、またスズムシやコオロギの虫の音などの様子を入れればいっそう季節感が表現できます。敬老の日もありますから、祖父母にも手紙を送るととても喜ばれるでしょう。

**9月の時候のあいさつ例**

## 書き出し

- 秋晴の候 ● 初秋の候 ● 涼風の候 ● 秋涼の候
- 秋風が立ち始め、しのぎやすいころとなりました
- 空高く澄み渡る今日このごろ
- 少しずつ日暮れの時間が早くなり、秋の気配を感じております
- 朝晩は日ごとに涼しくなってまいりました
- 台風一過、とたんに秋めいてきました
- 庭の秋草が咲き乱れてまいりました
- コスモスの花が野を彩る季節となりました
- 風に揺れるススキに風情を感じる今日このごろ
- 虫の音が響く秋の夜に深まっていく秋を感じるころ
- スズムシの美しい音が聞かれるころとなりました
- サンマがおいしい季節を迎えました
- おいしい秋の味覚に夏の疲れた体が元気を取り戻しました

## 結び

- まだ残暑が続いております。季節の変わり目、お体を大切になさってください
- 夏の疲れが出やすい時期です。どうぞご自愛ください
- 秋の長雨にお体を冷やさぬよう、お気をつけください
- ひと雨ごとに涼しくなってまいりました。風邪などひかれませんように
- さわやかな秋を満喫されますよう祈っております
- 読書の秋、秋の夜長をお楽しみください
- 秋風が心地よく感じられる季節となりました。みなさまお健やかにお過ごしください
- 秋の味覚がたくさん出回っています。おいしい秋を楽しみましょう
- 心落ち着く秋、和やかに毎日をお過ごしください
- これからも健康で長生きしてください（敬老の日）
- いつまでもお元気でいてください（敬老の日）

# 9月9日

## 田んぼに帰ってくる赤トンボ

稲刈りのシーズンになると、田んぼの上を飛びまわる赤トンボ。

赤トンボと呼ばれるトンボのなかでも一般的なのはアキアカネで、日本固有の在来種です。夏に生まれたアキアカネは茶色で、暑い夏の間は山で過ごし、秋になると産卵のために里に降りてきます。茶色の体が真っ赤になるのもこのころでオスだけが赤くなります。

日本は「秋《あき》津《つ》島《しま》（秋津はトンボのこと）」「トンボの島」と呼ばれるほど、実際にトンボの種類がとても多い国です。

近年、アキアカネは絶滅危惧種にあげる自治体が増えてきています。

## 9月10日

# 秋の食卓にひやおろしを

ひやおろしというのは、春に1度だけ熱処理を行って貯蔵熟成させた日本酒。酒蔵で夏を過ごしまろやかになったところで、9月から出荷が始まります。一般的な日本酒は出荷前にもう1度火入れをしますが、あえてそれを行わないのがひやおろしになります。

ひやおろしは瓶のなかでだんだんと熟成し、味も変わっていきます。家庭では冷蔵庫に入れて保存しましょう。

## 9月11日

# カボスとスダチの違いは？

カボスとスダチ、とてもよく似ていますね。ふたつは同じミカン属香酸柑橘類《こうさんかんきつるい》の仲間。焼き魚やマツタケ、うどんなどに酸味と香りを添える名脇役で、どちらも8月から10月にかけてが旬となります。

見分け方はずばり大きさ。ミカンと変わらないサイズなのはカボス。それよりかなり小さいのがスダチです。カボスはさわやかな酸味が特徴、スダチには独特の香りがあります。

# 9月12日

# 江戸の昔から庶民の好物サンマ

サンマの季節です。サンマはかつて下《げ》賤《せん》な食べ物として、あまり好まれていませんでした。しかし、江戸中期以降「安くて長きはサンマなり」と宣伝する魚屋が現れたりして、安くておいしいサンマは秋の食卓に欠かせない存在になっていきました。

9月は肌が乾燥し喉を痛めやすい季節。季節の変わり目に免疫力を高めてくれる青魚の良質な脂をとることは、体にとってとてもよいのです。江戸時代の人はそのこともしっかりわかっていたようです。

脂っぽさは大根おろしでさっぱり。新米と一緒に、いただきます！

9月の旬の食材

**魚介類**

トラフグ、アワビ、イクラ、スジコ、シラス、昆布

**野菜・果物類**

カボス（P209）、スダチ（P209）、カボチャ（P205）、秋ナス、サトイモ（P221）、梨（P218）、マツタケ（P219）、イチジク、巨峰

9月13日

# お神輿《みこし》担ぎにお囃子《はやし》の音 心踊る秋祭り

9月上旬からは氷川神社などのお祭りをはじめ、あちこちでお神輿《みこし》を担ぐ姿や、コンチキチンとにぎやかなお囃子《はやし》の音が聞かれる、秋祭りの時期です。

秋祭りの原型は、人が農業をするようになると同時に始まりました。神様にその土地の農作物を捧げて、今年の収穫を感謝し、来年の豊作を祈願しました。

時代を経て秋祭りの意味も変わってきていますが、地域をつなぐ祭りとしてあちこちで開催され、コミュニティのあり方としても見直されてきているようです。

## 9月14日

# 日本の伝統的な技、流鏑馬《やぶさめ》

疾走する馬にまたがったまま、的に向かって矢を射る…日本の伝統的な技である流鏑馬《やぶさめ》。

今も稽古に励む人たちがいて各地でお披露目がありますが、もっとも有名なのは、源頼朝を起源とする神奈川県の鶴岡八幡宮の流鏑馬ではないでしょうか。鎌倉時代の狩装束などを着て250mの馬場に配された3つの的を射抜く射手。迫力満点の神事です。

## 9月15日

# 9月の伝統色「紫苑色《しおんいろ》」

秋に可憐な花を咲かせるキク科のシオンの花色から生まれた色（P6）。平安時代、紫色は高貴な色として愛され、「竜胆《りんどう》色《いろ》」「桔梗色《ききょういろ》」「菫色《すみれいろ》（P3）」「葵色《あおいいろ》（P4）」など多くの花の名が色名になりました。

シオンの根には咳止めや利尿の効能があり、漢方薬などに使われています。

シオンの花言葉は「きみを忘れない」「遠方の人を想う」「追憶」などです。

*鶴岡八幡宮の例大祭は例年、9月14〜16日で、16日に流鏑馬神事が行われます。

9月16日

# 空いっぱいに輝く天満月《あまみつつき》

日本語には月に関する言葉がたくさんあります。そのひとつ、天満月《あまみつつき》は空いっぱいに輝き周囲を明るく照らすような満月のことをいいます。ほかに満月だけでも多くの表現があり、円月《えんげつ》、最中《もなか》の月、望月《もちづき》、明月《めいげつ》…これらはすべて満月のことです。また月の満ち欠けにも風情のある呼び名がついています（P8）。

月を愛《め》でることは平安の貴族たちにとって、優雅な遊びのひとつでした。観月《かんげつ》として池などの水面に映る月を眺めたり、酒を満たした杯のなかに月を映し出していました。直接月を見上げるのではないところに風流を感じていたのです。

**月を表す言葉**

| | |
|---|---|
| **初月《はつづき》** | その月の初めに見える月のこと。 |
| **寒月《かんげつ》** | 冬の寒い夜の月。 |
| **風月《ふうげつ》** | 心地よい風と月。 |
| **暁月夜《あかつきづくよ》** | 夜明けに出ている月。 |
| **宵闇《よいやみ》** | 日が暮れてすぐ、月が出なくて暗いこと。 |
| **有明《ありあけ》の月** | 夜明けの残っている月。 |
| **佳月《かげつ》** | めでたい月。 |
| **湖月《こげつ》** | 湖に映った月。 |
| **秋月《しゅうげつ》** | 秋の夜の月。 |
| **霽月《せいげつ》** | 雨がやんだあとの月。 |
| **淡月《たんげつ》** | 淡い光の月。 |
| **月の剣《つるぎ》** | 三日月のこと。 |
| **薄月《うすづき》** | 薄雲のかかった月。 |
| **無月《むつき》** | 曇りや雨で月が見えないこと。 |
| **上弦《じょうげん》の月** | 新月のあと、次第に満ちていく月。 |
| **下弦《かげん》の月** | 満月が過ぎて下半月が欠けていく月。 |
| **宵月《よいづき》** | 夕暮れの間だけ出ている月。 |

## 9月17日

# 野原に咲き乱れるコスモス

秋桜と書いてコスモスと読みます。秋の季語にもなっているコスモスですが、実はメキシコ原産。コロンブスがメキシコからスペインに持ち帰ったことから広まりました。色は白、ピンク、赤が主流ですが、最近は黄色やオレンジも。赤褐色のチョコレートコスモスも人気です。全国各地にコスモス畑の名所があるので、一面に咲く花々を堪能してみてはいかがでしょうか。

## 9月18日

# 勇壮な秋祭り、だんじり祭《まつり》

だんじりといえば、その代名詞にもなっている岸和田（大阪府）のだんじり祭《まつり》。規模の大きさ、豪壮さ、スピード感は圧巻です。起源は五穀豊穣を祈願しての稲《いな》荷《り》祭《まつり》。日本に古くからある秋祭りのひとつで、３００年の歴史があります。だんじりとは、神社の祭礼に奉納される山車《だし》のこと。東日本では山車、西日本ではだんじりと呼ぶことが多いそうです。

＊岸和田のだんじり祭の9月の祭礼は、敬老の日直前の日曜日とその前日に行われます。

9月19日

# 動物を大切に。動物愛護週間

9月20〜26日は動物愛護週間。「国民の間に広く動物の愛護と適正な飼養についての理解と関心を深める」ため、動物愛護管理法のもとに制定されました。

この日に動物愛護について考えてみるのもいいですね。たとえば、犬や猫を飼っているなら、地震や大雨などの災害のときにどのようにペットを守るかシミュレーションしてみるのもよいでしょう。

いつかは飼ってみたいと考えている人は、各地で開催される愛護イベントに出かけるのもいいかもしれません。動物とのふれ合いコーナーやしつけ教室、写真展なども開かれています。

## ９月20日

# 空の日は空港へ行ってみよう

９月20日は空の日。空の日の始まりは、１９４０年に制定された航空日で、その年は日本で最初の動力飛行が披露されてから30周年にあたる年でした。その後、航空日は第２次世界大戦に伴って一時休止されたものの、１９５３年に再開。１９９２年、より親しみやすいようにと「空の日」というネーミングに。

そして30日までは空の旬間という期間。各地の空港などで、航空に関するさまざまなイベントが開催されます。秋晴れの空港は開放感いっぱい！　きれいな青空を見に、ぜひ出かけてみてください。

## ９月21日

# 長寿を祝う敬老の日

敬老の日は、「多年にわたり社会につくしてきた老人を敬愛し、長寿を祝う」ことを趣旨として国民の祝日に制定され

長寿祝い

**61歳**（満60歳）**還暦《かんれき》**

干支がひと回りして生まれ年の干支に戻るので、「暦が還る」から還暦という。赤いものを贈る。

ています。
何歳からどのように祝うという規定はないので、たとえば、孫が生まれた年や定年退職を迎えた年から、また、70歳などの節目の年齢からというように、各家庭で決めてお祝いしてもいいですね。一般的には、孫からお祝いの言葉をかけたり贈り物をすることが多いようです。
敬老の日は日本だけではなく、アメリカやカナダ、中国など各国に同じような趣旨の日があります。

**70歳 古希《こき》**
めったにないほど長生きという意味。高貴な色とされる紫色のものを贈る。

**77歳 喜寿《きじゅ》**
「喜」の草書体「㐂」が七十七と読めることから。紫色のものを贈る。

**80歳 傘寿《さんじゅ》**
「傘」の字を略すと「八十」と読めることから。黄色や金色のものを贈る。

**88歳 米寿《べいじゅ》**
末広がりで縁起がよいといわれる「八」がふたつも重なっているため、とてもおめでたいとされる年齢。黄色や金色のものを贈る。

**90歳 卒寿《そつじゅ》**
「卒」の略字の「卆」が九十と読めることから。白色や紫色のものを贈る。

**99歳 白寿《はくじゅ》**
百から一を引くと「白」になることから。白いものを贈る。

**100歳 百寿《ももじゅ》（ひゃくじゅとも）**
1世紀ということから紀寿《きじゅ》とも。白色や桃色のものを贈る。

＊敬老の日は9月の第3月曜日です。

## 9月22日

# 二十四節気のひとつ「秋分《しゅうぶん》」は昼と夜の長さが同じ!?

秋分《しゅうぶん》は二十四節気の16番目。春分《しゅんぶん》と同様、太陽が真東から昇って真西に沈み、昼と夜の長さが等しいとされています。ただし、厳密にいうと、昼のほうがほんの少しだけ長いそうです。

秋分の3日前から7日間が秋の彼岸。つまり秋分は彼岸の中日です。極楽浄土は西の彼方にあるとされているため、太陽が真西に沈む秋分にご先祖様を供養するようになりました。

「暑さ寒さも彼岸まで」という言葉があります。このころから夏の暑さも和らいでいきます。

## 9月23日

# 古くから親しまれてきた、梨

梨は、『日本書紀』に持統天皇が栽培を奨励している記述があるほど、古くから日本人に親しまれてきた果物のひとつ

＊秋分は例年、9月22日、23日ごろとなります。

です。江戸時代に入ると全国で盛んに栽培され、江戸後期には１００種以上の在来種があったそう。シャリシャリした甘い梨は、比較的新しい品種です。

果物のことを水《みず》菓《が》子《し》ともいいますが、水分をたっぷり含んだ梨はまさに水菓子のイメージですね。

## 9月24日 香りを楽しむ、マツタケ

香りや味わいがよく高価であることから、キノコの王様であるマツタケ。マツタケご飯にするときは、加熱し過ぎると香りが飛んでしまうため、炊きあがる直前に入れます。

「匂いマツタケ、味シメジ」といわれますが、マツタケの香りは万人受けするものではなく、海外ではあまり好まれないそうです。外国人のおもてなしには不向きかもしれませんね。

## 9月25日

# 秋空に広がる鱗雲 天気は下り坂？

小さな雲がたくさん群れのようになって浮かんでいるのを、魚の鱗《うろこ》にたとえて鱗雲《うろこぐも》といいます。別名、鰯雲《いわしぐも》、専門的には巻積雲《けんせきうん》です。

秋の雲は空高くに浮かんでいるように見えませんか？ 実際に鱗雲は高度5000m以上にできる上層雲の一種。秋はいろいろな気象条件が重なり、高いところの雲が見えやすくなります。

鱗雲は天気が下り坂になるサインといわれています。だんだんと広がって厚くなると天気がくずれますが、鱗雲が現れたからといって必ず雨になるとは限らないそうです。

9月26日

# ほくほくもちもちの食感 サトイモ

お月見のお供え物にも用いるサトイモ。独特のぬめりがあり、ほくほくなのにもちもちした食感も楽しめます。王道のレシピはやっぱり甘めの煮物。

サトイモは紀元前の史記にも登場するほど古い作物で、日本でも米より前から栽培されていたそうです。山で採れるのではなく里で栽培されるからサトイモ。暖かい地域でよく育ちます。

もう少し寒くなると、アウトドアで大きな鍋を囲む芋煮会のシーズン到来。地域によって材料の肉や味つけはいろいろですが、どこでも主役はサトイモです。

## 9月27日

### 山頂はもう冬、初冠雪《はつかんせつ》

夏が終わったあと、初めて山頂に雪が積もって白くなったら、それがその山の初冠雪《はつかんせつ》。その土地を代表する山の初冠雪は地元のニュースとなり、山の上に冬が訪れたことを告げます。

富士山の初冠雪は9月下旬から10月ですが、過去には8月に初冠雪を記録したこともあります。北のほうにある山々よりずっと早い初冠雪です。

## 9月28日

### 9月の伝統色「亜麻色《あまいろ》」

亜麻糸《あまいと》の色のような黄色がかった薄い茶色（P6）。亜麻とは紀元前からヨーロッパで栽培される植物で、人類最古の繊維とも。茎からとれる繊維は高級な麻織物に。日本では明治時代初期に北海道で栽培が始まったそうです。ちなみに亜麻の種子を搾ったのが亜麻仁油《あまにゆ》。ドビュッシーの前奏曲に「亜麻色の髪の乙女」があり、ヴィレッジ・シンガーズや島谷ひとみが同名の曲を歌っています。

9月29日

# どちらが本来の意味？「秋ナスは嫁に食わすな」

ナスは夏にも秋にも収穫されます。秋のナスは夏に比べ、種も少なくみずみずしくおいしいといわれます。そこで生まれたのが「秋ナスは嫁に食わすな」ということわざ。

これは、あまりにもおいしいので嫁に食わすのはもったいないという、姑のいじわるな心情を表したことわざといわれています。一方で、ナスには体を冷やす働きがあるため、出産を控えた嫁の体をいたわって食べさせないほうがよいといっているという説も。さらに嫁と、ネズミの隠語である夜目《よめ》をかけている説もあります。

**秋の味覚にまつわることわざ**

**芝居《しばい》蒟蒻《こんにゃく》芋《いも》南瓜《かぼちゃ》**

江戸時代、女性の好きなものを語呂合わせで並べたもの。

**師走《しわす》 筍《たけのこ》 寒茄子《かんなすび》**

師走の寒い時期にタケノコやナスは手に入れられないことから、望んでもかなわないことの意味。

**冬至《とうじ》南瓜《かぼちゃ》に年取らせるな**

夏から秋にかけてが旬のカボチャ。保存はきくけれど、冬至を過ぎるころには傷んでくるので年内に食べ切ったほうがよいという意味。

**栗よりうまい十三里**

十三里はサツマイモのこと。「栗より」は「栗＝九里」「より＝四里」で足して十三里。江戸から十三里のところにあった川越（埼玉県）はサツマイモの産地。

## 9月30日

# カラフルでおしゃれな鶏頭《けいとう》

「秋風の吹きのこしてや鶏頭花《けいとうか》」与謝蕪村の俳句。秋の景色のなかに色あざやかな鶏頭の花が咲いている様子を詠んでいます。

　鶏頭の花は赤をはじめ、だいだい、黄、ピンク、赤紫などとにかくカラフル。花言葉は「おしゃれ」「個性的」など花の雰囲気にぴったりですね。

　ところで、鶏頭という名前はその名のとおり、鶏のとさかのような形からきています。花のタイプは2種類で、うねうねとひだが寄っているようなタイプと、炎のように立ち上がっているタイプです。

**秋の花々**

コスモス、リンドウ、百日草、菊、秋明菊、ポットマム、彼岸花、キンモクセイ（P229）、ダリア、ネリネ、桔梗《ききょう》、撫子《なでしこ》、サザンカ（P264）、萩《はぎ》、葛《くず》、女郎花《おみなえし》、サフラン、シュウカイドウ、ヨメナなど

# 10月

## 寒露《かんろ》

↓P231

**鴻雁来**［こうがんきたる］◎7～12日ごろ

ガンが北から渡ってくるころ。

**菊花開**［きくのはなひらく］◎13～17日ごろ

菊の花が咲くころ。

**蟋蟀在戸**［きりぎりすとにあり］◎18～22日ごろ

キリギリスが戸で鳴くころ。

## 霜降《そうこう》

↓P242

**霜始降**［しもはじめてふる］◎23～27日ごろ

霜が始めておりるころ。

**霎時施**［こさめときどきふる］◎28～11月1日ごろ

ポツポツと小雨が降るころ。

**楓蔦黄**［もみじつたきばむ］◎11月2～6日ごろ

モミジやツタの葉が色づいてくるころ。

10月1日

# 1年でもっとも美しい月 中秋《ちゅうしゅう》の名月

中秋《ちゅうしゅう》の名月とは旧暦8月15日の十五夜の月。1年のなかでもっとも美しい月とされ、古くから鑑賞する風習がありました。旧暦で秋といえば7月、8月、9月。8月は真ん中にあたり、中秋と呼ばれます。

十五夜なので、お月見で用意する団子は15個。ただ、1年の満月の回数にちなんで12個とする場合もあるそうです。そして、ススキは稲に見立てて飾られます。秋の収穫を感謝するとともに、豊作を祈願します。そのほか、その年に収穫したサトイモやサツマイモをお供えするので、中秋の名月は、別名、芋名月《いもめいげつ》とも呼ばれています。

## 10月2日 皮をするり、きぬかつぎ

十五夜のお供え物にもなるきぬかつぎ。小さなサトイモを蒸しただけの簡単シンプルな料理ですが、塩や味噌をつけて食べると、ほっくり秋の味がします。蒸す前に、サトイモの1/3のあたりに包丁で切り込みを入れます。蒸し上がったら1/3だけを残してするりと皮をむきましょう。その姿が平安時代の高貴な女性の衣装、衣被《きぬかつ》ぎを連想させるというのが名前の由来です。

## 10月3日 栗ご飯で秋の味覚を楽しもう

栗は縄文時代から食べられてきた食材で、栄養価に優れ、カリウムが多く、むくみ解消や高血圧予防などの効果があります。栗の皮をむくのは大変な作業ですが、栗ご飯を作ってみてはいかがでしょうか。栗は熱湯に10分ほどつけると鬼皮と渋皮がむきやすくなります。酒、みりん、塩などの調味料を入れ、栗をのせて炊きます。1、2割もち米を混ぜると、もっちりとした食感に。

## 10月4日

# 平安の時代から続く秋の風流、虫聞き

スズムシ、コオロギ、クツワムシ、マツムシ…秋に美しい鳴き声を聞かせてくれる虫たちです。実際には羽をすり合わせて音を出すのですが、虫は「鳴く」といい、虫鳴くという季語もあります。

秋の夜、野山などで虫の音を楽しむことを虫聞きといい、平安時代から行われてきました。あの『源氏物語』にも宮廷生活の文化として描かれています。

江戸時代になり、虫聞きは庶民の5つの風流に加わりました。花見、月見、菊見、雪見、そして虫聞きです。

10月5日

# 濃厚な甘い香り キンモクセイ

オレンジ色の小さな花が枝に密集したように咲くキンモクセイ。よそ見をしながら歩いていても、鼻をつく甘い香りでその存在に気づきます。ジンチョウゲ、クチナシと並んで日本三大香木のひとつ。ヨーロッパでもこの香りはおまじないなどに使われ、現代でもさまざまな香りグッズとなっています。

また、キンモクセイには抗酸化作用があり、中国ではキンモクセイで作ったお酒やお茶を飲みます。美しいことで知られる楊貴妃《ようきひ》もキンモクセイで作った桂花《けいか》陳酒《ちんしゅ》を飲んでいたそうです。

10月6日

# 10月の時候のあいさつ美しい秋の季節を表そう

天高くすがすがしい秋晴れが続くころとなる10月。野山はあざやかに秋色に染まり、行楽シーズンに。また秋の夜長も楽しみたいもの。中旬を過ぎると少しずつ気温が下がり、朝晩には寒さを感じ、下旬になると秋も深まり、葉も落ち始め、冬の気配も漂ってきます。

便りにはこの美しい季節を表現してみましょう。天候や、植物の実り、秋の花の開花、虫の音、紅葉など身のまわりで感じたことを添えるとよいでしょう。

また健康と活躍を祈る言葉、秋を存分に満喫してもらう言葉、寒くなるので体を労ってほしいという言葉なども。

### 10月の時候のあいさつ例

**書き出し**

- 秋冷の候 ● 夜長の候 ● 紅葉の候 ● 錦秋の候
- さわやかな秋晴れの今日このごろ
- 秋風が冷たく感じられる今日このごろ
- 紅葉の便りが聞こえてくるようになりました
- 野山もすっかり秋景色です
- キンモクセイの香りが漂い始めました
- 庭のコスモスが咲き乱れています
- 柿が並び始め、実りの秋を迎えました
- 秋の夜長、いかがお過ごしでしょうか

**結び**

- 日ごとに秋が深まり肌寒くなっています。どうかご自愛ください
- 食欲の秋、読書の秋、芸術の秋、スポーツの秋。実り多き秋をお過ごしください
- お体にご留意なさって、秋を満喫してください
- 秋たけなわの好季節、ますますご活躍されますよう祈っております
- 収穫の秋です。みなさまにとって実り多き秋となりますよう祈っています

# 10月7日

## おかえりなさい、冬鳥たち

冬鳥ってどんな鳥かご存じでしょうか。

渡り鳥のなかで冬に日本にやってくるのが冬鳥です。反対に夏にやってくるのは夏鳥、日本を通過するだけの鳥を旅鳥といいます。

冬鳥は水に浮かぶカモの仲間が多く、シベリアなどから渡ってきます。ハクチョウも冬鳥ですが、3000～4000kmもの距離を2週間くらいかけて旅するそうです。

# 10月8日

## 露が冷たく感じられる「寒露《かんろ》」

「寒露《かんろ》」とは草などにおりる冷たい露のこと。二十四節気のひとつです。夜が長くなり、露が冷たく感じられるころですね。朝晩の冷え込みはあるものの、空気が澄んだ秋晴れの過ごしやすい日が多くなります。

冬鳥がやってきて、紅葉が始まり、本格的な秋の到来です。農作物の収穫もピークを迎え、農家は大忙し。霜がおりる前にと作業を急ぎます。

＊寒露は例年、10月7日、8日ごろとなります。

## 10月9日

# 江戸時代から伝わる長崎くんち

長崎くんちは長崎の諏訪神社の秋季大祭。奉納踊には異国趣味のものが多く、江戸時代より豪華絢爛な祭礼として評判でした。奉納踊の龍踊《じゃおどり》、鯨の潮吹き、コッコデショなどは、国の重要無形民俗文化財に指定されています。

「くんち」は、旧暦の9月9日を重陽《ちょうよう》のよき日として祝う中国の風習が伝わり、9日《くにち》をくんちと読み、秋祭を意味するようになったといいます。

## 10月10日

# スポーツの秋を楽しむ

２０２０年、東京でオリンピックが開催される年に、体育の日はスポーツの日に名前が変わります。

そもそも体育の日は、１９６４年、東京オリンピックの開会式が行われた10月10日を国民の祝日としたのが始まりです。２０００年からは10月の第2月曜日に変更され、スポーツを楽しむにはぴったりの連休となりました。なお、２０２０年だけは7月24日の開会式の日になります。

＊「長崎くんち」は例年、10月7〜9日に行われます。

10月11日

# 夜空に輝く4つの星を探そう 秋の大四辺形

秋の夜長、たまには天体観測などいかがでしょうか。

夜空を見上げてみてください。4つの輝く星が目に入ってくると思います。これが「秋の大四辺形」と呼ばれる星たち。ペガスス座の胴体になっている部分なので、「ペガススの大四辺形」ともいわれます。秋の夜空を代表する星です。

ペガススはギリシャ神話に登場する、翼をもった天馬です。ペルセウスがメドゥーサ退治をしたときに生まれ大活躍しましたが、大神ゼウスが放ったアブに刺されて驚いたため、天に駆け昇っていき星になりました。

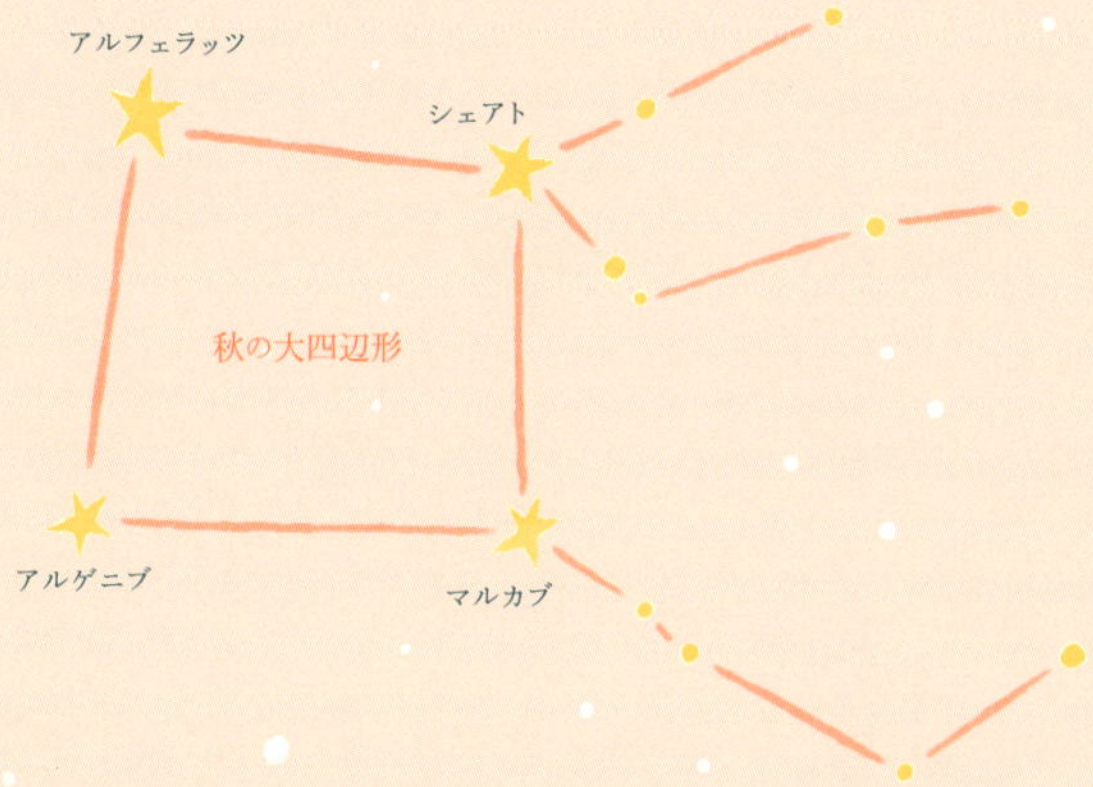

10月12日

## 食欲の秋、到来

そろそろ稲刈りも終わり、秋野菜の収穫もピークを迎え、温かい食べ物も恋しくなってくる…いよいよ食欲の秋の到来です。

なぜ秋に食欲が増すのでしょうか。夏バテで落ちていた食欲が回復したり、旬のおいしいものがたくさん出回ることなどが古くからいわれていますが、最近は基礎代謝が高まるなど科学的な理由も見出されているようです。

10月13日

## 10月の伝統色「柿色《かきいろ》」

柿の実のようなあざやかなだいだい色の柿色《かきいろ》（P6）。染色界では「照柿《てりがき》」ともいいます。柿の名がつく色はほかにも。「柿渋色」は柿渋で染色した茶色のこと。黄みの強い渋いだいだい色の「晒柿《されがき》」は木から落ちず、熟した柿の色。「紅柿《べにかき》色《いろ》」は柿が熟し、少し濃くなった柿の色です。

また、歌舞伎の定式幕《じょうしきまく》には萌葱《もえぎ》色、柿色、黒色が用いられています。

10月14日

# 脂がのった戻りガツオ

えさとなるイワシの群れを追いかけながら、広い海域を回遊するカツオ。秋になると、暖かい海水を求めて南下します。南下しているカツオを戻りガツオと呼び、秋が旬になります。初夏のカツオは北に移動しているカツオで、初ガツオと呼ばれます。

戻りガツオといえば、脂がたっぷりのって濃厚な味わいなのが特徴。マグロのトロのようだと言う人もいます。脂がのっているとはいえ、カツオは低カロリー、高タンパクな食材の代表選手。ダイエット中でもあまり気にせず、おいしく食べられます。

10月の旬の食材

**魚介類**

ハタハタ、秋鮭（P244）、トラフグ、秋サバ、ヒラメ、タチウオ、ホッケ

**野菜・果物類**

ヤマイモ（P242）、サツマイモ、トンブリ、シイタケ、シメジ、栗（P227）、大豆、小豆、銀杏《ぎんなん》、ザクロ（P238）、柿（P237）

10月15日

# 絢爛《けんらん》豪華《ごうか》な大輪の花、菊祭り

菊の花といえば、秋の花の代名詞的存在。特に江戸で熱狂的に愛されました。あの華やかな大輪は江戸っ子好みだったようです。

等身大の人の人形に菊の衣装を着せた菊人形も、江戸の植木屋さんが発祥。みんなで競い合って作っているうちに大きなイベントになりました。ほかにも菊といえば、崖から垂れ下がるように形づくる懸崖《けんがい》や、１株で多数の花を咲かせる千輪咲などとにかく豪華。職人さんの心意気が感じられます。

この時期、各地で菊祭りが開催されます。ぜひ出かけてみましょう。

## 10月16日

## 風邪予防にもなる柿

庭の木に柿が実るころです。柿はビタミンCを多く含み、風邪の予防効果も期待できるそうです。

大きく四角い形をしているのは甘柿。渋柿は先が尖ったような形をしています。そのままでは食べられませんが、焼酎につけることにより渋味をなくすことができます。

柿は野鳥たちにとってもごちそう。食事風景を眺めるのも秋の楽しみです。

## 10月17日

## 豊穣を感謝する神嘗祭《かんなめさい》

伊勢神宮では年間1500回もの祭りが執り行われているそうです。そのなかでももっとも重要なのが神嘗祭《かんなめさい》。その年に収穫された新穀を、天皇陛下が最初に天照大《あまてらすおお》御《み》神《かみ》に捧げて豊穣を感謝するお祭りです。

神嘗祭のとき、神宮では装束や器具を一新するため、神宮の正月ともいわれます。古来、お米を主食としてきた日本人にとって、大切なお祭りです。

＊伊勢神宮の神嘗祭は例年、10月15〜17日に行われています。

10月18日

# 甘酸っぱい秋の味、ザクロ

5月下旬～6月に花を咲かせるザクロは、10月に食べごろを迎えます。国産のザクロは酸味が強いので、トッピングやジュース、シャーベットなどに。最近、スーパーなどで売られているものの多くは輸入もので、甘味《あまみ》が強く食べやすく感じられます。

ザクロは健康食材としても優秀で、ビタミンやクエン酸のほか、アントシアニンやタンニンなどのポリフェノールがたっぷり含まれています。ポリフェノールは生活習慣病の予防に効果が期待できます。

10月19日

# 芸術の秋、美術館や展覧会へ

「食欲の秋」はおいしいものがたくさんあるから。「スポーツの秋」はオリンピックに由来。では「芸術の秋」は？　なぜ秋に「芸術の」という枕詞《まくらことば》がついたのでしょう。

一説には、雑誌『新潮』のなかにあった「美術の秋」という言葉がルーツといわれています。また、二科展や日展などの日本を代表するような展覧会も秋に集中しています。

秋は美術館などに出かけるのにも、ベストな気候。秋の夜長に音楽や映画を鑑賞するのも素敵な過ごし方ですね。

10月20日

## 商売繁盛や五穀豊穣を祈願 えびす講

七福神のなかのひとり、恵比寿神を祀《まつ》り、商売繁盛や五穀豊穣、大漁を祈願するえびす講。「講」とは、同じ信仰をもつ人の集まり的な意味や、家庭内での祭《さい》祀《し》の意味があります。

全国各地の神社で祭りがありますが、旧暦の10月は神無月《かんなづき》。神様はみんな出雲《いずも》大社《たいしゃ》に出かけていて不在なのでは…と思いますが、実は恵比寿様は出雲には行かない留守神なのです。

えびす講では市が立ったり花火が上がったり、その形態もさまざま。熊手や福笹飾りなどの縁起物も並びます。

10月21日

## 秋を愛《め》でる、紅葉《もみじ》狩《が》り

みなさんは秋の紅葉をどのように楽しみますか? 多くの人はモミジなどの樹々を少し離れたところから見たり、美

*えびす講は10月20日、または11月20日に行われます。

しい紅葉の山々を見たりして楽しんでいると思います。

　ですが昔の人は、葉を手に取っても楽しんでいたようです。それが「狩り」という言葉がついた由来。ブドウ狩りやイチゴ狩りの狩りと同様、手に取る意味があるそうです。

## 10月22日 冬物入れ替え時に虫干しを

冬物を出す時期になりました。

　虫干しとは、着物を虫食いから守るために干すことです。天気のいい空気の乾いた日に干すことで、虫食いの予防だけでなく、湿気を取り除きカビを予防し、汚れの点検などにも役立ちます。

　湿度の高い日本では洋服の虫干しもおすすめです。梅雨《つゆ》が明けた7〜8月、夏の虫が残る10〜11月、空気の乾燥した1〜2月。年に3回の虫干しが理想です。

10月23日

## 朝晩が冷え込む「霜降《そうこう》」

二十四節気のひとつ「霜降《そうこう》」。朝晩の冷え込みが増し、北国や山里ではいよいよ霜がおり始めます。露が霜に変わり、冬が近づきます。

霜は大気中の水蒸気が冷えた地面や草にふれて結晶化したものです。昔の人は、雪や雨と同じように、霜も空から落ちてくると考えていたそうです。ですから、霜がおりると表現しました。

10月24日

## ネバネバがおいしいヤマイモ

ヤマイモとひと口に言っても、ナガイモ、イチョウイモ、ツクネイモと、大きく分けて3種類あります。そのほか、山野に自生するジネンジョもヤマイモの一種です。ヘビのように細長くクネクネした形をしています。

食べるときは、もちろんあのネバネバが大切。スーパーなどでよく見かけるナガイモは短冊切りで和え物に、イチョウイモはすりおろすのがおすすめです。

＊霜降は例年、10月23日、24日ごろとなります。

10月25日

# 急に夜が訪れる「秋の日は釣瓶《つるべ》落とし」

「秋の日は釣瓶《つるべ》落とし」という言葉があります。釣瓶とは、井戸から水を汲み上げるのに使う小さな器。それを井戸の中にヒューッと落とすように、秋の日は急に沈み暗くなるという意味です。

実際に10月ごろは、日が沈んでから完全に暗くなるまでの時間（薄明継続時間《はくめいけいぞくじかん》）が短いそうです。

そして、秋はだんだん昼間の時間が短くなり、日没時刻も早まっていくので、早く暗くなったと感じるのではないかといわれています。これらのことから、ほかの季節に比べて急に暗くなるように感じるのでしょう。

秋にまつわることわざ

**天高く馬肥ゆる秋**

秋は空気が澄み、空高く、馬も太るような収穫の季節という意味。

**男心と秋の空**

変わりやすい秋の天気のように、男性の愛情も変わりやすいというたとえ。「女心と秋の空」はあとに派生した言葉。

**一日三秋《いちじつさんしゅう》**

1日会わないだけでも3年も会わなかったように感じるほど思いが強いこと。三秋は3回の秋という意味。「一日千秋」は「一日三秋」からできたことわざで、非常に待ち遠しいこと。

**物言えば唇寒し秋の風**

人の悪口や批判は、秋の風にふれて唇が寒々しく感じるようにむなしい。

10月26日

## 日本の鮭といえば、秋鮭

鮭といってもさまざまな種類があり、日本で捕れるのは白鮭《しろざけ》。紅鮭や銀鮭は外国生まれです。よく北海道や東北地方で産卵のために川を遡上《そじょう》する鮭の映像を見ますが、あれが白鮭です。そして秋に捕れる白鮭のことを秋鮭と呼びます。

ちなみに、5～8月ごろに捕れる白鮭は「時期を間違って帰ってきた」という意味で、ときしらず（時鮭）といいます。

産卵前のものを捕るので、雌は卵をもち、スジコと呼びます。北海道や東北では、スジコが手に入ったら自家製のイクラを作る家庭もまだまだあるそうです。

10月27日

## 活字にふれる、読書の秋

涼しく過ごしやすい秋は読書にぴったり。けれども、「読書の秋」のいわれは、あまり天候とは関係ないようです。

１９４７年、アメリカの読書週間を参考に、日本でも読書週間が始まりました。それが反響を呼び、翌年から文化の日（11月3日）を中心にした２週間（10月27日～11月9日）の行事として定着しました。「読書といえば秋」というイメージは、ここから生まれたようです。

## 10月28日

## 10月の伝統色「韓紅《からくれない》」

濃く美しい赤（P６）。「唐紅《からくれない》」とも。シルクロードを渡りもたらされた紅花から、「舶来」の意味と、深紅の美しさを併わせもった名前です。

『古今和歌集』の「千早《ちはや》ぶる神代もきかず竜田川唐紅に水くくるとは（在原業平）」が有名です。この歌は、川に流れる紅葉の美しい様子を唐紅に絞り染めにしたと見立てています。とても色彩感覚にあふれた歌です。

## 10月29日

# 日本生まれのお月見

十五夜のお月見は有名ですが、十三夜にも十五夜と同様にお月見をする習わしがありました。十五夜は中国生まれ、十三夜は日本生まれのお月見。旧暦8月15日の十五夜は雨の日が多く、お月見ができないこともしばしば。そこで、旧暦の9月、長月に十三夜にお月見を行い、後《のち》の月として愛でました。なぜ満月になることの多い十五夜ではなく十三夜かというと、満月より、少し欠けた未完の月のほうが趣があり、また満月に向かって満ちていく月は縁起もよく好まれたため。

十五夜を芋名月というのに対し、十三夜は栗を供えるため栗名月といわれます。

## 10月30日

# 絵になる都会の風景 イチョウ並木

イチョウといえば都会の街路樹のイメージが強い植物。黄色いじゅうたんを踏んで歩くシーンが、ドラマや映画などにも登場します。今見られるイチョウは中国から世界中に伝わって、人の手によって植栽されたもの。日本には13世紀ごろに渡ってきたと考えられています。ほかの植物が紅葉したあと、最後に色づき始めるのがイチョウです。

イチョウに実り、独特の匂いを放つ銀《ぎん》杏《なん》ですが、硬い殻を取り除けば中からエメラルドグリーンのおいしい仁《じん》が出てきます。茶碗蒸しには欠かせない食材ですね。

10月31日

# 収穫を祝い、悪霊を追い出す ハロウィン

ハロウィンはヨーロッパ発祥といわれ、秋の収穫を祝い、悪霊などを追い出すための宗教的な行事です。亡くなった人の魂が家族のもとに帰るといういわれもあり、日本のお盆にも似ています。

日本では宗教的な意味合いは薄れ、アニメキャラクターの仮装を競い合ったり、子どもたちが仮装してお菓子をもらったりというイベント色が濃くなっています。

ところでハロウィンというと、なぜ仮装なのでしょう。悪霊たちから魂を抜き取られないよう、仮装して仲間のふりをしたのが始まりといわれています。

# 11月

## 立《りっ》冬《とう》

↓P256

**山茶始開**［つばきはじめてひらく］◎7〜11日ごろ
サザンカが咲き始めるころ。

**地始凍**［ちはじめてこおる］◎12〜16日ごろ
冷え込み、大地が凍り始めるころ。

**金盞香**［きんせんかさく］◎17〜21日ごろ
冬の気配が強くなり、スイセンの花が咲き始めるころ。

## 小《しょう》雪《せつ》

↓P266

**虹蔵不見**［にじかくれてみえず］◎22〜26日ごろ
虹を見ることが少なくなり、曇り空が多くなるころ。

**朔風払葉**［きたかぜこのはをはらう］◎27〜12月1日ごろ
北風が木々の葉を落とすころ。

**橘始黄**［たちばなはじめてきばむ］◎12月2〜5日ごろ
タチバナの葉が黄色くなり始めるころ。

11月1日

# 11月の時候のあいさつ 深い秋も元気に楽しむ

暦の上では7日ごろに立冬《りっとう》になり冬に入りますが、一番秋の深まりを楽しめる時期。旧暦では「神無月《かんなづき》」にあたります。神々が出雲に集まる月とされ、このころに吹く風を「神渡し」といいます。

### 11月の時候のあいさつ例

**書き出し**

- 晩秋の候 ● 初霜の候 ● 暮秋の候 ● 向寒の候
- 日ごとに寒さが身にしみる今日このごろ
- 小春日和《こはるびより》が続いて、うららかな日々でした
- ずいぶん日が短くなってきました
- 朝夕めっきり冷えるようになり、秋も深まってきました
- 日だまりが恋しい季節となりました
- 山々の紅葉が美しく色づいています
- あちこちで紅葉狩りのニュースを日にするようになりました
- 落ち葉のじゅうたんを歩いてきました
- 落ち葉が風に舞っている今日このごろ
- 木枯らしが吹き、冬が近づいている気配が感じられます
- 街ではクリスマスの飾りつけが始まっています

**結び**

- あざやかな紅葉の季節、どうぞ健やかにお過ごしください
- ひときわ冷えこむようになりましたが、お風邪などひかれませんように
- 暖房器具のスイッチを入れるようになりました。冷えにはお気をつけください
- めっきり寒くなってきましたが、健康には十分注意してください
- 忙しい年末を前に、お体に気をつけてお過ごしください
- 本格的な冬の到来です。どうぞご自愛ください
- 年の瀬が近づき、仕事も忙しくなる時期かと思います。無理なさらず、どうかお体大切に

初旬は晴天に恵まれることが多く、中旬は紅葉が見ごろになります。下旬には落ち葉が舞い、木枯らしが吹き、厳しい冬が近づいていきます。

便りには、冬の訪れを迎え入れるような言葉で表してはいかがでしょうか。季節の変わり目で寒くなるので、体への気づかいの言葉も添えたいですね。

## 11月2日

# 商売繁盛を願う人でにぎわう 酉《とり》の市《いち》

酉《とり》の市《いち》は11月の酉の日に、各地の鷲《おおとり》神社（鳳神社、大鳥神社）で開かれる市。商売繁盛を願う多くの人でにぎわいます。東京では40か所以上で開かれ、日本一といわれる浅草の鷲神社では700を超える露店が軒を連ね、毎年70~80万人の人が訪れるそうです。

その目玉といえば縁起熊手。熊手で福をかき込む、またはとり（酉）寄せるといわれており、七福神、宝船、お多福などの縁起物がこれでもかと飾りつけられています。この熊手を買うとき、値切った分はご祝儀としてお店に置いてくるのが江戸っ子の心意気だそう。

11月3日

# 雪から守る、雪吊り

11月に入ると、積雪の多い地域で雪吊りの作業が見られるようになります。冬になり雪が降ったときに、その重みで枝が折れないよう支えるためのもの。職人さんのていねいな仕事により、美しい光景が守られています。代表的なのは兼六《けんろく》園《えん》（石川県）の雪吊り。作業の様子はよくニュースにもなりますね。

石川県の金沢でもうひとつ冬に備えて行われるのがこも掛け。土塀にわらで編んだこもを施し、塀に染み込んだ雪の水が凍って膨張し、土塀がはがれるのを防ぎます。雪吊りもこも掛けも降雪期が終わる3月ごろまで見られます。

## 11月4日

# 亥《い》の子餅を食べて病気知らずに

旧暦の10月、最初の亥《い》の日、またはその日に行われる行事のことを亥の子といいます。この日にお餅を食べて無病息災を願う玄猪《げんちょ》の祝いは、平安時代から伝わる行事。子どもたちが石や稲の束で地面を叩き、家々を回ります。亥は多産の動物といわれているため、亥の子には子孫繁栄を祝う意味もあります。

また、江戸時代のころは亥の子はこたつ開きの日ともされていました。こたつといっても、当時のこたつは実際に火を使います。亥の月、亥の日に囲炉裏《いろり》やこたつに火を入れると、火事にならないと信じられていたそうです。

# 11月5日

## 白ワインやシャンパンと合わせたい、牡蠣《かき》

牡蠣《かき》が出回るようになると、冬が近づいているのだと感じられます。

牡蠣の養殖が始まったのは室町時代の広島。晩秋になると、広島の牡蠣は船に乗せられて次々と大阪に運ばれました。船上で牡蠣を振る舞う料理屋もたくさんあったそうです。

栄養たっぷりのため、「海のミルク」との呼び名があります。亜鉛、鉄分、ビタミンB1、B2、B12、アミノ酸など多くの栄養素を含んでいます。生で食べるときはよくレモン汁をかけますが、おいしいだけでなく鉄分の吸収率も高めてくれるそうです。

11月の旬の食材

**魚介類**
カワハギ、クエ、カマス、キンキ、コハダ、ズワイガニ

**野菜・果物類**
レンコン（P268）、ジネンジョ、ホウレン草、白菜、ブロッコリー、クワイ、リンゴ

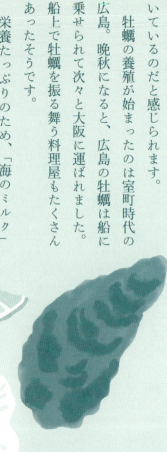

## 11月6日

# 日本海が沸く、カニ漁解禁

カニ漁は、その種類や地域によって解禁日が異なります。11月6日解禁の代表はズワイガニ。富山県より西の海域でこの日に解禁されます。

ズワイガニは、水揚げされる地域によって別名があります。松葉ガニ、越前ガニ、加能ガニ…。いずれも場所は日本海沿岸。日本海沿岸ではカニを目当てに訪れる観光客が増え、シーズン到来に海辺の街は盛り上がります。

## 11月7日

# 鍋始めで家族団らん

11月7日は「鍋の日」。「11＝いい、7＝なべ」の語呂合わせで、食品メーカーが提唱。立冬のころでもあり、今季の鍋始めにもぴったりの時期ですね。

鍋は体が温まるのはもちろん、簡単な調理で野菜などたくさんの食材を手軽にとれるというメリットがあります。そして、スープには旨味だけでなく栄養素も溶け出すので、効率よく栄養がとれます。ぜひ最後のおじやまで完食しましょう。

## 11月8日 「帰り花」も咲く、「立冬《りっとう》」

暦の上では立冬《りっとう》を迎えますが、比較的おだやかな天候が続くのが、初冬の特徴です。

その暖かさに応えるかのように、春や初夏の花が返り咲くことを、「帰り花（返り花とも）」といいます。また「狂い花」「狂い咲き」「忘れ花」「二度咲き」とも呼ばれています。梅や桜、ツツジ、山吹、雪柳など、一輪、二輪がけなげに咲く姿は、愛らしく、心を和ませてくれるものです。

## 11月9日 マフラーが恋しい木枯らし1号

木枯らし1号が吹き、いよいよ冬到来です。木枯らし1号には条件があり、たとえば東京では、10月半ばから11月末までの間、西高東低の冬型の気圧配置、風向きは西北西～北、そして最大風速が秒速8メートル以上の風。

ですから、実は木枯らし1号が吹かない年もあります。ピューッと冷たい風が吹くほうが、冬がきたことを感じられる気もしますね。

＊立冬は例年、11月7日、8日ごろとなります。

11月10日

# 本格的な寒さの前に冬支度を

コートやマフラー、手袋、寝具やリビングのファブリック、暖房器具など、本格的に寒くなる前に準備しましょう。いつでも使える状態になっていれば安心できますね。

人間だけでなく、動物たちも冬支度を始めます。おうちのワンちゃんが、これまでより食欲旺盛で毛がモコモコしてきていたら、冬の到来を敏感に感じとっているのかもしれません。

## 11月11日

# 風味を楽しむ新蕎麦《そば》

新蕎麦《そば》の季節になりました。新米と同じ、その年の秋にとれた蕎麦が新蕎麦で、年内くらいまでは新蕎麦といいます。蕎麦が有名な各地域では、新蕎麦祭りなどという名前でたくさんのイベントが開かれます。

新蕎麦は薄い緑色で、風味がいいのが特徴。風味を楽しむためには、最初はつゆにつけず、ほんの少しの塩をつけて食べるのがいいそうですよ。

## 11月12日

# 冬のごほうび、小春日和《こはるびより》

1年のうちでも穏やかな天気といえば、やはり小春日和《こはるびより》ではないでしょうか。晩秋から初冬のころの、冬を忘れるような暖かで穏やかな天候のことです。小春は旧暦10月の異名でもあり、冬の季語でもあります。

小春日和は春の暖かな日と勘違いしがちですが、寒くなってきたころのごほうびのような日と覚えておくといいかもしれません。

11月13日

「秋深き隣は何をする人ぞ」

松尾芭蕉《ばしょう》の句です。「秋深し」と書かれていることが多いのですが、正確には「秋深き」だそうです。

秋の俳句

「かなしさや釣の糸吹くあきの風（与謝蕪村）」
「戸を叩く狸と秋を惜しみけり（与謝蕪村）」
「名月をとってくれろと泣く子かな（小林一茶）」
「秋風に歩いて逃げる蛍かな（小林一茶）」
「鳥飛んで秋の山眼に横たわる（正岡子規）」
「柿食へば鐘が鳴るなり法隆寺（正岡子規）」
「日のくれと子どもが言いて秋の暮（高浜虚子）」
「一枚の紅葉かつ散る静かさよ（高浜虚子）」
「栗のつや落ちしばかりの光なる（室生犀星）」
「とんぼうや羽の紋透いて秋の水（室生犀星）」

# 「秋深き隣は何をする人ぞ」芭蕉《ばしょう》が病床で詠んだ句

芭蕉がこの句を詠んだのは亡くなる少し前のこと。芭蕉が主役の句会に出席できず、病床からこの句を弟子に託しました。ひっそりと暮らしている隣人のことが気になるという、秋の寂しさや人恋しさが表れている傑作といわれています。

芭蕉の忌日《きにち》は旧暦10月12日、新暦の11月中ごろです。ちょうど紅葉の盛りを迎え、初時雨が降る季節でもあります。芭蕉が時雨を好んで詠んだことから、芭蕉の忌日を「時雨忌」といいます。

「初時雨猿も小蓑《こみの》を欲しげなり」

「旅人と我名よばれん初しぐれ」

11月14日

# お酒の神様に感謝を捧げる酒まつり

新酒といえば冬がシーズンだと思ってしまいがちですが、これは寒造りの新酒が1月ごろから出回るため。けれども、新酒は晩秋の季語。これは秋の新米ですぐに仕込み始めたからといわれています。11月に大神《おおみわ》神社（奈良県）で酒まつりこと醸造安全祈願祭が開かれ、全国から参加した各酒造へ新しい杉玉が授与されます。1年に1回、各酒造は杉玉を取り替えます。杉玉は日本酒を搾り始め、新酒ができたことを知らせるサイン。緑色から枯れて茶色になりますが、この色の変化で熟成度合いも示すといわれています。

＊大神神社の酒まつりは例年、11月14日に行われています。

## 11月15日

# 健やかな成長を願う 七五三

男の子は3歳と5歳（または5歳のみ）、女の子は3歳、7歳のときに神社にお詣りし、これまでの成長を感謝し、これからの成長と長寿を願います。縁起のいい奇数であることから、この年齢が定着しました。また、昔は乳幼児の死亡率が高かったため、この年齢まで生きられたことをお祝いしました。

では、なぜ11月15日なのでしょうか。旧暦の11月は収穫の月で、秋の実りと子どもの成長を一緒に祝うため。そして満月になることの多い旧暦15日は、鬼が出歩かない二十八宿《にじゅうはっしゅく》の鬼宿日《きしゅくにち》のため、祝い事に適している日だとされています。

## 11月16日

# 11月の伝統色「赤朽葉《あかくちば》」

朽ちようとする落ち葉の色は、「朽葉《くちば》色」といいますが、そのなかで赤く紅葉した落ち葉の色が「赤朽葉（P7）」。ほかにも「黄朽葉（P7）」「青朽葉（P6）」という色もあります。

美しい色で、平安時代には貴族が秋に着用する装束の色に使われました。『源氏物語』では「赤朽葉の羅《ら》（薄物）の汗衫《かざみ》（表着の上に着る服）」との記載があります。

## 11月17日

# 時雨《しぐれ》が降ったりやんだり

日に日に冬の気配が濃くなり、時雨《しぐれ》が多くなります。時雨とは、晩秋から冬の初めにかけて降ったりやんだりする小雨。芭蕉をはじめ多くの俳人が詠んできた初冬の季語です。朝時雨、夕時雨、夜に降る小夜《さよ》時雨といった美しい表現も。

発生するのは主に日本海側で、西高東低の気圧配置のとき、シベリアから渡ってくる冷たい風が日本海で水分を含んで雨を降らせます。

11月18日

秋の味覚が詰まった吹き寄せご飯

秋の味覚をお米と一緒に炊き込んだのが吹き寄せご飯。具は家庭によっていろいろで、栗、銀杏《ぎんなん》のほか、ゴボウやレンコンなどの野菜や、キノコ、鶏肉、油揚げなどが入ります。調味料と一緒に炊飯器で炊いてもいいし、お鍋でほっくり炊けば本格的な味わいに。

「吹き寄せ」という名前は、秋風に吹かれた木の葉が吹き寄せられたような彩りをしているため。ニンジンや枝豆を加えれば、さらにカラフルに。栄養たっぷりで見た目もきれい、お弁当にも喜ばれるメニューです。

11月19日

# ハラハラと散りゆくサザンカの花

晩秋から初冬にかけてかわいらしい花を咲かせるサザンカ。西日本原産のツバキ科ツバキ属の植物ですが、ツバキとは区別されています。

一番大きな違いは花の散り方。ツバキはポタリと花ごと落ちますが、サザンカはハラハラと白やピンクの花びらを散らします。

サザンカは漢字では山茶花と書きます。中国ではツバキ科の木全般を山茶と書きますが、文字どおり、葉をお茶のように飲料にしていたため。

また、チャノキ（茶の木）もツバキ科で、同じころ楚々《そそ》とした白い花を咲かせます。

11月20日

# 旨味を凝縮、乾物の日

11月20日は乾物の日。海産物や農産物を干して作る、あの乾物です。旬ではないときも食材を切らさないよう、日本では伝統的に昆布、かつおぶし、干しシイタケ、切り干し大根、高野豆腐、ヒジキといった乾物を保存し食生活に取り入れてきました。乾物は日もちするだけでなく、天日干しによって栄養価がアップするものもあります。

乾物の簡単な食べ方としては3色ディップがおすすめ。クリームチーズに、かつおぶし、青のり、刻んだ干しエビをそれぞれ混ぜ合わせ、お好みで出汁《だし》醤油を加えます。パンやクラッカーにつけて食べてみてください。

## 11月21日

# ほくほくおいしい焼き芋

昔の日本では、庭で落ち葉を燃やすたき火の風景がよく見られました。そのときに一緒にサツマイモを焼いておやつにしました。

たき火を見ることがなくなった現代では、焼き芋はキッチンで作るものになりました。最近は、甘いサツマイモがたくさん登場したため、キッチンでもほくほくおいしい焼き芋ができあがります。

## 11月22日

# 雪が降り始める地域も。「小雪《しょうせつ》」

二十四節気のひとつ「小雪《しょうせつ》」は雪が降り始めるころ。まだ積もるほどには降らないため、小さな雪と表します。紅葉も散り、景色は冬らしくなっていきます。小雪の間に、暦は12月へと変わります。

いよいよ年末。年賀状、お歳暮、クリスマスの飾りつけ…目が回るほど忙しく楽しい日々が始まりますね。体調を整えるために、ミカンなどの柑橘類でビタミン補給もおすすめです。

＊小雪は例年、11月22日、23日ごろとなります。

11月23日

# 収穫に感謝する新嘗祭《にいなめさい》

新穀の収穫に感謝する祭りで、この年に収穫された穀物を食すことを新嘗《にいなめ》といいます。この日、天皇陛下が新穀で作られた食事を神様にお供えします。そして自らも食事をともにし、新たな力を得て、翌年の豊穣も約束するのです。昔は新嘗祭が終わるまで、新米は食べないという風習もあったそうです。

新嘗祭が11月23日に固定されたのは明治時代になってから。昭和になり、勤労感謝の日として改められました。「勤労をたつとび、生産を祝い、国民たがいに感謝しあう」日とされています。

## 11月24日

### 田の神様を見送る十日夜《とおかんや》

旧暦の10月10日に行われる、その年の収穫に感謝して翌年の豊穣を願う行事。子どもたちが集団で、稲を棒状に固くしたわら鉄砲で地面を叩きながら歩き回ります。モグラやネズミを追い払うためだとか。関東を中心に行われていました。

全国に似たような行事があり、関西の亥《い》の子（P253）も子どもたちが主役です。この時期、農村では感謝を込めてにぎやかに田の神様を送り出していたのですね。

## 11月25日

### 煮物には欠かせない、レンコン

レンコンを漢字で書くと蓮根。ハスの根です。確かに根のようにも見えますが、正確にはハスの地下茎が肥大した部分。

レンコンは12月に向けて出荷量が増えます。冬の煮物の定番野菜であり、おせち調理にも欠かせない存在。輪切りにすると穴があいているので、「先の見通しがよい」縁起のいい食材といわれています。ふっくらとして太めのもの、表面にキズや黒ずみがないものを選びましょう。

## 11月26日

# 11月の伝統色「鶸《ひわ》色《いろ》」

晩秋から初冬にかけて飛来する小鳥、ヒワの羽の色を表しています（P7）。あざやかな黄緑色は顔映りもよく、即位を祝う一般参賀の際、雅子皇后陛下のドレスの色にも用いられました。

11月27日

# 動物も人も冬ごもり

冬ごもりといえば、動物たちが巣のなかなどでじっとしていること。厳密にいえば冬眠とは少し違います。こもるというのは隠れるという意味で、冬ごもり中の動物はただ寝ているだけではありません。たとえばクマは冬ごもり中に出産もし、授乳をして子育てします。リスは時折目覚めて隠しておいたえさを食べたり、排泄したりします。

そして、人間が外出を控えて家のなかでじっとしていることも冬ごもりといいます。ただし体力の低下にご注意。部屋のなかでいいので、少し体を動かすようにしましょう。

## 11月28日 寝ていた雪を起こす、雪起こし

「雪起こし」は多くの人にはあまりなじみがない言葉かもしれません。冬、日本海側で雪と一緒に発生する雷のことです。激しく鳴り響く雷が寝ていた雪を起こすようなので雪起こしと呼ばれます。

そして、別名はブリ起こし。冬は寒ブリの季節だからです。越冬のためにたっぷり脂を蓄えた寒ブリは、日本海を代表する冬の味覚。寒い冬は寒ブリのしゃぶしゃぶもおすすめです。

## 11月29日 すき焼きと牛鍋の違い

11月29日は「いい肉の日」です。牛鍋というものをご存じでしょうか。明治時代の初期に横浜で大流行した、牛肉を鉄鍋で煮る料理です。今も横浜や東京に数件の店が残っています。

一方、江戸時代に登場したすき焼きは、農具の鋤《すき》の上に肉を乗せて焼いたのが発祥といわれています。今、関東で一般的な割下《わりした》で肉を煮て食べるすき焼きは、牛鍋がルーツのようです。

11月30日

# 火の用心！ マッチ1本火事のもと

「火の用心」という言葉で有名なものといえば、徳川家康の家来が家族に送った「一筆啓上　火の用心　お仙泣かすな　馬肥やせ」という手紙です。

その後、江戸時代初期には「火の用心」の夜回りが始まりました。「火の用心」と声をかけたり、カチカチと拍子木を打ったりしながら、火事への注意を促して町を歩き回る風習です。今は「火の用心」の夜回りが残る地域は少なくなっているようですが、時代によって「火の用心　マッチ1本火事のもと」または「戸締まり用心　火の用心」などとかけ声も移り変わっています。

# 12月

## 大《たい》雪《せつ》

↓P279

**閉塞成冬**［そらさむくふゆとなる］◎6〜10日ごろ
天地の気が塞がれ、真冬が訪れるころ。

**熊蟄穴**［くまあなにこもる］◎11〜15日ごろ
クマが冬ごもりのために、穴に隠れるころ。

**鱖魚群**［さけのうおむらがる］◎16〜20日ごろ
鮭が群がって、川をさか上るころ。

## 冬《とう》至《じ》

↓P287

**乃東生**［なつかれくさしょうず］◎21〜25日ごろ
ウツボグサの芽が出るころ。

**麋角解**［さわしかのつのおつる］◎26〜30日ごろ
オオジカの角が生えかわるころ。

**雪下出麦**［ゆきわたりてむぎのびる］◎31〜1月4日ごろ
雪の下で麦が芽を出し始めるころ。

12月1日

# 12月の時候のあいさつ感謝のメッセージを

12月を迎えると、いよいよ日が短くなってきます。12月1日の日の出は6時半ごろ、日の入りは16時半ごろです。夏至《げし》のころにくらべると、昼が4時間半も短くなっています。

年の瀬は慌ただしく、忙しく過ぎていくもの。そして、寒さがいよいよ厳しくなる時期。便りには体を気づかう言葉を表しましょう。12月下旬になれば、新年に向けての言葉も添えたいものです。

行事としては御用納めやクリスマス、お正月準備などがあるので、節目や年末のあいさつとして、1年の感謝のメッセージを伝えると喜ばれるでしょう。

**12月の時候のあいさつ例**

**書き出し**

- 初冬の候 ●寒冷の候 ●初雪の候 ●歳末の候
- 寒さも日ごとに増します今日このごろ
- イルミネーションがまばゆい季節となりました
- 街はクリスマスの装いでにぎわっています
- 慌ただしい年の暮れ、お正月の準備は整いましたか
- 今年もいよいよおしせまってまいりました

**結び**

- 寒さが厳しくなってきますが、体に気をつけてお過ごしください
- 忙しい年末ですが、くれぐれもお体を大切に
- 寒さが続いておりますが、風邪をひかないよう元気に年末を乗り切りましょう
- ご家族そろって、ご健康に新年を迎えられますよう願っております
- 来年もすばらしい年でありますように
- よいお年をお迎えください

## 12月2日

# 飲み過ぎ注意！の忘年会

1年の締めくくりといわれると、飲み過ぎてしまう人も多い忘年会。お酒を飲むときは、すきっ腹はNG。アルコールの血中濃度を急激にあげないように、食べ物を胃に入れておくのが大事です。

ところで、忘年会の起源は、年の瀬に貴族が和歌を夜通し詠み合う連歌《れんが》の儀式「年忘れ」だそうです。新しい年に向けて結束を高めるという意味もあったといいます。

## 12月3日

# 元旦に届いてほしい年賀状

新年の始まりに届くうれしい便りといえば年賀状。お年始に行くことができない遠方の知人へのあいさつ代わりにと明治時代になって広く普及しましたが、古くは平安時代からあった風習です。

年賀状を元旦に届けるなら、12月25日までにポストへ投函を。SNS全盛時代ですが、元旦の郵便受けに大切な人からの年賀状が届くのを楽しみに待っている人も多いのではないでしょうか。

12月4日

# 1年間の感謝を込めて大事な人へ届けるお歳暮

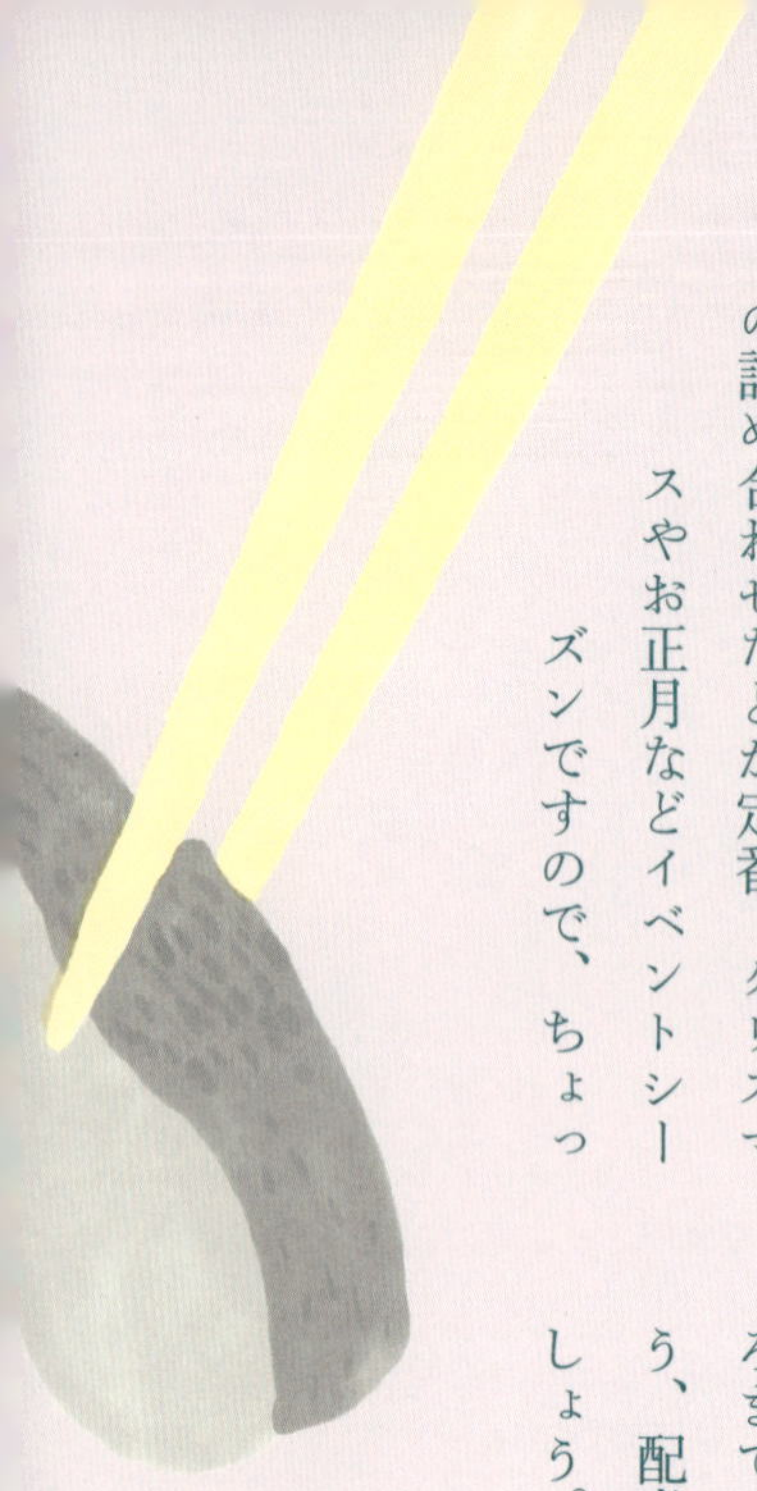

お世話になっている方への感謝の気持ちを形にして贈るお歳暮。年越しに行われた「御霊祭《みたままつり》」の供物を、帰省する子どもたちが親元に持っていった風習が転じて、お歳暮になりました。昔は相手の家まで持参するのが正式でした。

お歳暮は、ハムやソーセージ、お菓子の詰め合わせなどが定番。クリスマスやお正月などイベントシーズンですので、ちょっと豪華な食材も喜ばれます。会社宛ての場合は、分けやすく個包装されているものを選ぶと気が利いています。

お歳暮は忙しい年末は避け、20日ごろまでに届くよう、配慮しましょう。

12月5日

# 魚偏に「雪」と書く冬の魚、鱈《たら》

冬に旬を迎えるタラは、淡泊でクセがなく、お鍋の具材としても大活躍。この時期ならではの新鮮なタラが手に入ったら「タラの昆布締め」を試してみてはいかがでしょうか。

ひと口大のそぎ切りにしたタラを日本酒で拭いた昆布に並べ、さらに昆布をかぶせてはさみます。ラップでしっかりと包んだら、冷蔵庫に入れて約半日置きます。水分が抜けたタラに昆布の旨味が移り、風味のよい一品ができあがります。

おいしいタラは、背中の模様がはっきりしています。切り身なら、光沢感と張りがあるものが新鮮な証拠です。

**12月の旬の食材**

**魚介類**
マグロ（P284）、ヒラメ、キンメダイ、アンコウ、ハマチ、ボラ、ブリ、アマダイ、コイ、真ダコ

**野菜・果物類**
大根（P280）、セロリ、ネギ、赤カブ、ユリネ、ユズ、ミカン、西洋ナシ

12月6日

# 可憐なシクラメンの和名はブタノマンジュウ!?

かがり火のような姿から「篝火花《かがりびばな》」の別名をもつシクラメン。年末になると飾られることが増え、暗い冬の室内を明るく灯します。日の光を好むので、秋から春にかけては日当たりのよい室内で、5月を過ぎたら、戸外の涼しい日陰で育てましょう。枯れた花や、黄色くなった葉は、根元から取り除くとまた新しい花が咲くようになります。

昔、シクラメンの球根はブタのえさにされていました。そこからついた英名が「ブタのパン」。日本に入ってきたとき、訳した結果「ブタノマンジュウ」という奇妙な和名もついています。

## 12月7日

# 本格的にやってくる冬「大雪《たいせつ》」

二十四節気のひとつ「大雪《たいせつ》」。空は重い雲に覆われ、生き物はじっと息をひそめるようになります。山間部だけでなく、平野にも雪が降りだし、長くて寒い冬が始まるのです。また、七十二候で「閉塞《そらさむく》成冬《ふゆとなる》」の日にもあたります。閉塞は閉じふさぐこと。つまり「天地の気がふさがる」という意味になりますが、これで寒さから人々が守られていると、とらえることもできます。

＊大雪は例年、12月6日、7日ごろとなります。

## 12月8日

# 農事を締めくくる、御事納《おことおさ》め

御事納《おことおさ》めは1年の農事を終える日。この日から、お正月をはさんだ2月8日までは神事の期間。12月と2月の8日を事《こと》八日《ようか》と呼んでいます。

事八日には、一つ目小僧が家にきて害を及ぼすとか。そこで一つ目小僧の苦手な網目の多いカゴを家の前に掲げる風習があったといいます。

このほか、この日に針供養（P43）をする地域もあります。

＊正月支度を始める日のため、御事始めとする地域もあります。

## 12月9日

# 大根は年末年始にお役立ち

おでんや煮物など、毎日の食卓に欠かせない大根。秋から冬にかけては甘味がありみずみずしいのが特徴です。暴飲暴食になりがちな年末年始。胃がスッキリしないとき、大根をおろして食べれば不快感が解消されます。

京都の冬の風物詩に、醤油で煮込んだ大根を振る舞う「大根焚《だいこだ》き」があります。これを食べれば、無病息災や厄落としになるといわれています。

## 12月10日

# 12月の伝統色「舛花色《ますはないろ》」

落ち着いた印象の灰みのある淡い青色の舛花色《ますはないろ》（P7）。江戸時代後期の歌舞伎役者、五代目市川団十郎が好んだ色だということから生まれました。

「舛」は市川家の家紋の「三舛《みます》」のこと、「花色」は「縹色《はなだいろ》」の別名で、市川家所用の縹色という意味。縹色は藍染めの途中で出てくる明るい青色ですが、これに渋みを加えた色になっています。市川家家伝の色として後世に残されています。

12月11日

# ふくら雀《すずめ》は幸運を呼ぶ？

スズメが自分の羽毛に埋もれるように首をすくめている姿を見たことはありませんか？　厳しい寒さから身を守るために羽毛を膨らませているのですが、この姿のスズメを「ふくら雀《すずめ》」といいます。

「福良雀」「福来雀」という当て字にできたり、ふっくらした様子が豊かさを連想させたりすることから、縁起がよいと文様にも多く用いられています。

着物の帯の結び方にも同じ呼び名のものがあります。ふくらみをもたせたお太鼓に、垂れで羽を作るのが特徴。振袖に合わせることが多く、成人式や結納など、おめでたい席で見かける帯結びです。

## 12月12日 流れ星のシャワーを楽しもう

三大流星群のひとつ、ふたご座流星群は毎年、この時期にきれいに見ることができます。

月明かりや街灯の少ない広い場所で、暗さに目が慣れるまで、根気よく観察を続けるのがコツ。20時ごろから流星が現れ始めます。天候にも左右されるので天気予報などもチェックしておきましょう。

ふたご座付近から降ってくるように見えるのでこの名がついています。

## 12月13日 新年に向け家を清める煤《すす》払い

この日は「正月事始め」といってお正月を迎える準備を始める日。囲炉裏《いろり》を使っていたころ、天井や壁についた煤《すす》を払ってから、お正月の準備をしていました。煤払いには、お正月にやってくる年神様を迎えるため、場を清めるという意味も。

大掃除のコツは、高いところから順に、奥から手前に行うこと。このころから掃除を始めれば、年末に慌てなくてすみそうですね。

*例年、12月14〜15日にかけてピークとなることが多いです。

## 12月14日

# 語り継がれる忠義のあかし

江戸時代、赤穂藩《あこうはん》の四十七士が、君主浅野内匠頭《あさのたくみのかみ》の仇である吉良上野介《きらこうずけのすけ》邸に討ち入りした日。『忠臣蔵』でも有名です。赤穂浪士は浅野家の菩提寺《ぼだいじ》である泉岳寺《せんがくじ》（東京都港区）に眠っています。泉岳寺では毎年この日に義士祭《ぎしさい》が行われ、祭りのクライマックスでは四十七士に扮装した行列が浅野内匠頭の墓前へ向かいます。義士祭は兵庫県赤穂市をはじめ、各地の忠臣蔵ゆかりの地で行われています。

## 12月15日

# からっ風が吹けば風邪に注意

乾燥した強い冷たい冬の風をからっ風といい、近くの山の名をつけて「〇〇颪《おろし》」と呼ばれることがあります。たとえば、群馬県の赤城山《あかぎさん》から吹き降ろす「赤城颪」や、茨城県から千葉県にかけて筑波山《つくばさん》から吹き降ろす「筑波颪」。

からっ風が吹くと火事が増えたり、風邪がはやったりします。土ぼこりが舞い上げられ、視界が悪くなることもあるので、車の運転にも気をつけましょう。

## 12月16日

### 現代だからこそおいしいトロ

マグロは冬に産卵期を迎えるため、この時期はたっぷりと脂を蓄えています。さらに甘味や旨味、香りも強くなり、とてもおいしいタイミングです。

高級寿司の代表格のトロですが、江戸の町民からは、猫も嫌ってまたいで通ると「猫またぎ」と呼ばれていました。冷凍技術がない時代、生魚は醤油漬けが当たり前。脂の多いトロはこの処理ができず、おいしくなかったといいます。

## 12月17日

### 小さく真っ赤な冬の縁起物

お正月飾りなどで見かける、赤い小さな実の植物。この実にはいくつか種類があることをご存じでしょうか。

実のつき方で簡単に見分けがつきます。「千両」は葉の上に実が固まっていて、

「万両」は葉の下にサクランボのように実がなり、「南天」はブドウのような房状になっています。お金を連想させる千両、万両はもちろん、南天も「難を転じて福となす」とのことから縁起がよい植物とされています。

## 12月18日

## お正月準備の歳《とし》の市《いち》

歳《とし》の市《いち》は、神社仏閣の参拝客を目当てに開かれた、定期市のひとつ。年末になると立つのが歳の市。昔はしめ飾りや水引き、羽子板などの縁起物や、新年を迎えるにあたっての新しい生活用品をこの市で買い求めていました。

歳の市として有名なのが、東京浅草の羽子板市。毎年17～19日に開かれ、その年に話題になった人や出来事が押絵細工で飾られた羽子板が見ものです。

昔の風習にならって歳の市で縁起物などを買いそろえるのも楽しそうですね。

12月19日

## 12月の伝統色「香色《こういろ》」

黄みがかった明るく淡い茶色（P7）。香色《こういろ》とは、丁子《ちょうじ》などの香木《こうぼく》を煎じて染められた色のこと。非常に高価なものとされ、平安貴族たちからも人気が高かった上品な色でした。『源氏物語』にも夕霧が香色をあらたまった訪問に装う場面が登場します。

また、僧衣の色としては紫の次に高位の色とされ、「香衣《こうえ》」として用いられましたが、のちに黄色い「黄衣《こうえ》」に。

12月20日

## 冷凍庫にネギを入れておこう

風邪をひきやすいこの季節は、ネギを積極的にとりましょう。ネギに含まれるアリシンは疲労回復と殺菌に効果があります。ただとても水に溶けやすい成分なので、お鍋の具材やうどんに入れて、汁ごと飲むと温まって一石二鳥ですね。

ネギは冷凍保存のきく食材。よく洗って、水気をきってからみじん切りや斜め切りにし、ラップで小分けに。解凍せずにそのまま料理に使えて便利です。

12月21日

# 太陽の力は「冬至《とうじ》」を境にどんどん強くなっていく

夜が一番長く、太陽の力が一番弱まる冬至《とうじ》の日。この日以降、太陽の力は増しいくので、冬至には、その太陽のパワーをいただくために「ん（運）」のつく食べ物をとるとよいとされてきました。代表格は南京《なんきん》（カボチャ）です。

柚子湯《ゆずゆ》も冬至の風習。丸くて黄色い柚子は、手のひらにおさまる小さな太陽の形代《かたしろ》。それを入れた柚子湯に入るのは、季節の節目に身を清める禊《みそぎ》の名残です。

冬至の日のお祭りは世界各地で、火にまつわるものとして行われているそう。

また、冬至のことを「一陽来復《いちようらいふく》」ともいいます。

＊冬至は例年、12月21日、22日ごろとなります。

12月22日

# ロシアからやってくる冬将軍

冬の厳しい寒さを「冬将軍」といいます。これは有名なナポレオン・ボナパルトのエピソードが由来です。1812年、ナポレオン率いるフランス軍がロシアに侵攻しましたが、その年は冬の訪れがあいにくと早く、冬の装備が不足していたフランス軍はあえなく撤退する羽目に。その様子を、イギリスの新聞が「冬将軍に敗れる」と表現して伝えたことから。

そんな由来から、日本でも南下してくるシベリア寒気団を、特に冬将軍と呼ぶことがあります。冬将軍がやってくると、日本にはからっ風が吹き荒れます。

**冬の天候の言葉**

**初氷《はつごおり》**
その冬に初めて張った氷。

**氷雨《ひさめ》**
冬に降る冷たい氷の粒、雹《ひょう》や霰《あられ》のこと。冷たい雨や霙《みぞれ》を指す場合も。

**凩《こがらし》**
秋の終わりから冬の初めにかけて吹く、強く冷たい風。木を枯らすものという意味。木枯らしとも書く。

**冬霞《ふゆがすみ》**
冬にかかる霞。

**寒凪《かんなぎ》**
寒さが厳しいなか、風がなく、穏やかな天気であること。

**風花《かざばな》**
晴天のなかを花びらが舞うように雪がちらちらと降ってくること。また、山に積もった雪が風に吹かれて飛んでくること。

## 12月23日

# 冬に咲く奇跡のローズ

クリスマスローズは、厳しい寒さに耐えることができ、冬の貴婦人と呼ばれる花で、3月ごろまで咲き続けます。

この花にまつわるこんな伝説が残っています。キリストの誕生を祝福する捧げ物を、貧しい少女が探していました。寒い冬のこと、花すら見つけられず涙を流します。するとその涙の落ちたところからバラのように美しい白い花が咲いたのです。少女はこの花を捧げました。

## 12月24日

# ツリーのてっぺんには星を

クリスマスツリーのオーナメントにはさまざまなものがありますが、てっぺんに飾る星は、キリストが生まれたことを知らせる「ベツレヘムの星」を模しています。忘れずに飾りたいですね。

ところで、クリスマス前日のイメージが強いクリスマスイブですが、イブはイブニングの略です。12月24日の日没から25日の深夜0時までを指します。

12月25日

# 指折り数えて待つクリスマス

クリスマスはキリストの誕生を祝う日。12月になるとヨーロッパでは、「アドベントカレンダー」を家に飾ります。

このカレンダーは1〜24日までが窓になっていて、窓を開けると中からイラストやお菓子が出てきます。毎日、プレゼントがもらえるようなうれしいサプライズカレンダーなのです。

クリスマスはキリスト教徒の一大イベント。世界各地にローストターキー、ユールシンカ、ブッシュ・ド・ノエル、シュトーレン、ミンスパイなどクリスマスならではの特別なお料理があります。

12月26日

# いよいよお正月の準備

お正月に欠かせない鏡餅。鏡は神様のご神体とされることも多く、鏡のように丸い鏡餅は年神様の依代《よりしろ》であり、お正月の期間のご神体となるのです。昔は地域のみんなで餅つきをすることで結束も高まりました。

鏡餅のほか、しめ飾りや門松などの準備が整ったら、それぞれ飾りつけます。これらの飾りは、28日までに行うようにしましょう。29日は二重苦が連想され、31日では一夜飾りといって「事前に準備ができない葬儀のよう」とNG。餅つきも「苦をつく」につながることから、9のつく日は避けましょう。

**いろいろな正月飾り**

**鏡餅**
年神様への供物でもあり、依代ともなる。裏白《うらじろ》や譲り葉、昆布、橙《だいだい》、串柿などと一緒に飾る。

**しめ飾り**
神社のしめ縄と同じく、年神様がいる間は家が神聖な場所であることを示す。

**門松**
年神様が迷わないようにする目印。また常緑樹の松は縁起がよいことから。

**羽子板**
赤ちゃんが丈夫に育つように。また女の子の成長を願う意味も。

## 12月27日

# 日本オリジナルのスパイス

漢方薬をヒントに作られた七味唐辛子は、唐辛子など7種類の薬味や香辛料をブレンドしたもの。お店によって中身は異なりますが、唐辛子のほか、山椒やゴマ、陳皮《ちんぴ》、芥子《けし》の実、麻の実などが調合されていることが多いようです。

最近では、好みの素材を好みの割合でブレンドしてくれるお店も。お気に入りの七味を年越しそばに振りかけて食べるのも楽しいですね。

## 12月28日

# 年内最後のお仕事の日

官公庁の年末年始は、12月29日～1月3日と法律で定められています。江戸時代には、幕府や藩の仕事を「御用」と呼んでいたため、12月28日は、今でも御用納めの日といいます。

民間企業の場合は、年末の最後の出勤日は仕事納めの日といいます。仕事納めの日は、早めに仕事を切り上げ、軽い打ち上げを意味する「納会《のうかい》」を催す会社もまだまだあるようです。

12月29日

# おせち支度を始めよう

おせちは、年神様へのお供え物。そして、お供えした料理は神様と一緒にいただくもの。三が日はかまどの神様をお休みさせる意味もあるので、おせちの準備は年末に行いましょう。

おせちは普段使っているお箸ではなく、祝い箸で食べるのが正式です。両端が細くなった祝い箸は、一方を人が、もう一方は神様が使う、神人共食《しんじんきょうしょく》を示しています。ですから、お箸をひっくり返して、おせちを取るのはNGです。取り箸には、海の幸、山の幸を取り分ける海山箸《うみやま》を用意しておきます。おせちと一緒に、祝い箸の準備も忘れないようにしたいですね。

**おせちの種類**

**黒豆**
「まめに働く」ことから、健康でよく働けますようにという意味。

**栗きんとん**
あざやかな黄色で「金運」や「繁栄」。また「勝ち栗」から勝負運アップも。

**紅白なます**
大根とニンジンのなますは、紅白のお祝いの水引をかたどっている。家族の平安を願って。

**紅白かまぼこ**
紅白でおめでたさを、半月型は日の出を表す。赤は魔除け、白は清浄を意味しているとも。

**海老《えび》**
腰が曲がっていることから「長寿」を願って。

**数の子**
子だくさん、子孫繁栄のシンボル。

**昆布巻き**
「喜ぶ」にかけた縁起のよい食材。

＊取り箸は関西では「組重（くみじゅう）」と書かれた箸を用います。

12月30日

# 除夜の鐘や年越しそばで新年を迎えよう

大晦日から元日まで１０８回の鐘をつく除夜の鐘。月の数の12に二十四節気と七十二候を足したというものから、煩悩の数とするものまで、由来には諸説あります。除夜とは大晦日の夜のこと。多くのお寺では31日の10時半ごろから鐘をつきます。お坊さんがつくところもありますが、希望者にはつかせてくれるところもあります。

また、大晦日の夜の定番といえば、細く長く生きられるようにと願いを込めた「年越しそば」。具材や食べ方は地域によってさまざまです。

12月31日

# 新しい年の訪れを祝う 大晦日

1年の終わりの日、大晦日。日没を1日の終わりと考えていた江戸時代、大晦日の夜は同時に、新年の始まりでもありました。

お正月の準備を整えて、年神様がやってくるのを家族で除夜の鐘を聞きながら、寝ずに待つのが昔の過ごし方。今では全国各地でカウントダウンイベントが行われ、深夜0時を迎えた瞬間、その場にいた人みんなで、にぎやかに祝います。

形は変われども、新しい年の訪れを多くの人と祝い、よき1年となるよう願うのは昔から変わらない大晦日の姿です。

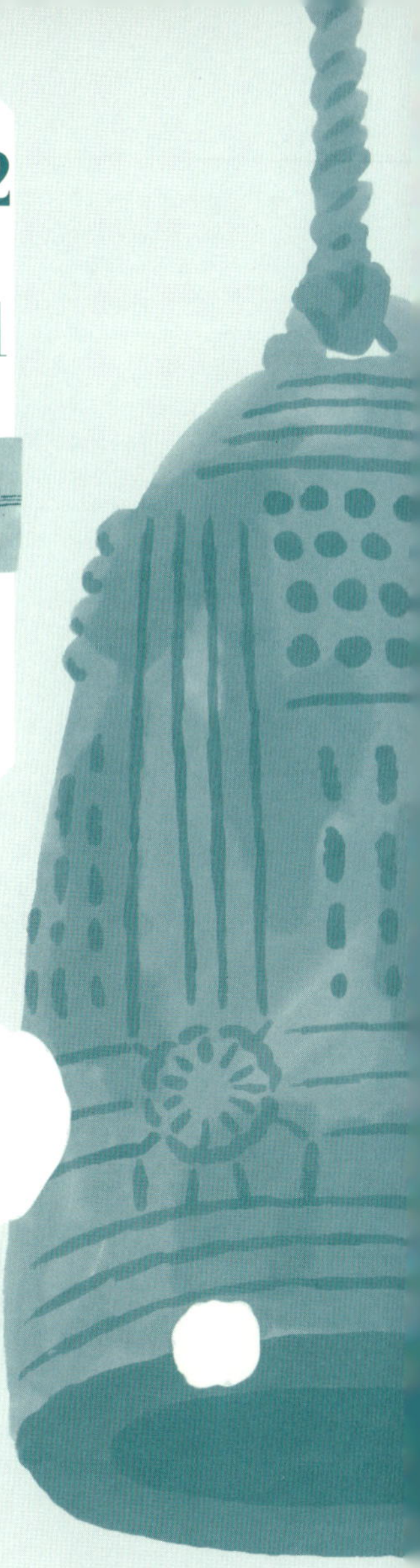

協力　暦生活（こよみせいかつ）

新日本カレンダー株式会社が運営。日本の季節を楽しむ暮らしを「暦生活」と呼び、暮らしのなかにある、季節の行事や旬のものを日々発信している。Twitterでは14.6万のフォロワーを持つ。日常の季節感を切り取ってTwitterやInstagramで紹介する#暦生活写真部の活動も好評。

Twitter @543life　Instagram @koyomiseikatsu
Facebook @koyomiseikatsu　Webサイト https://www.543life.com

---

監修　高月美樹（たかつき みき）

和文化研究家。LUNAWORKS代表。地球の息吹を感じるための自然暦手帳『和暦日々是好日』を制作・発行するほか、和暦に関する講演、執筆活動を行う。『にっぽんの七十二候』ほか監修。WEBサイト「暦生活」のコラム連載も人気。

---

デザイン　芝 晶子（文京図案室）
イラスト　芦野公平
校正　柳元順子（有限会社クレア）
執筆協力　永井ミカ、岡崎恵美子、川口裕子（有限会社クレア）、高島直子
編集協力　篠原明子
編集担当　柳沢裕子（ナツメ出版企画株式会社）

本書に関するお問い合わせは、書名・発行日・該当ページを明記の上、下記のいずれかの方法にてお送りください。電話でのお問い合わせはお受けしておりません。

・ナツメ社webサイトの問い合わせフォーム
https://www.natsume.cp.jp/contact
・FAX（03-3291-1305）
・郵送（下記、ナツメ出版企画株式会社宛て）

なお、回答までに日にちをいただく場合があります。正誤のお問い合わせ以外の書籍内容に関する解説・個別の相談は行っておりません。あらかじめご了承ください。



# まいにち暦《こよみ》生《せい》活《かつ》

## 日本《にほん》の暮《く》らしを楽《たの》しむ365のコツ

---

2020年1月3日　初版発行
2022年8月1日　第4刷発行

---

協力　暦生活《こよみせいかつ》
監修者　高《たか》月《つき》美《み》樹《き》
発行者　田村正隆



---

発行所　株式会社ナツメ社
東京都千代田区神田神保町1-52 ナツメ社ビル1F（〒101-0051）
電話　03-3291-1257（代表）
FAX　03-3291-5761
振替　00130-1-58661

制作　ナツメ出版企画株式会社
東京都千代田区神田神保町1-52 ナツメ社ビル3F（〒101-0051）
電話　03-3295-3921（代表）

印刷所　図書印刷株式会社

---

ISBN978-4-8163-6742-7
Printed in Japan